D1729256

DIGITALE
IMMOBILIENKOMMUNIKATION

THOMAS GAWLITTA

DIGITALE IMMOBILIEN KOMMUNIKATION

THOMAS GAWLITTA

ONLINE, MOBILE UND SOCIAL MEDIA –
WIE SIE IHRE IMMOBILIEN MIT DIGITALEN
MEDIEN BESSER VERMARKTEN

IMPRESSUM

1. Auflage März 2012

© 2012 IZ Immobilien Zeitung Verlagsgesellschaft mbH, 65205 Wiesbaden

Lektorat: Thomas Hilsheimer, Gerrit Brinkhaus

Umschlaggestaltung: Raban Ruddigkeit

Satz: s.tietze@medien-frankfurt.com und vcolombi@gawlittadigitale.com

Druck: Beltz Druckpartner, Hemsbach

www.iz.de

www.iz-shop.de

EINLEITUNG

Das Internet und immer mehr das allgegenwärtige, mobile Internet über Smartphones und Smarttablets ist aus dem Alltag der deutschen Gesellschaft nicht mehr wegzudenken. Es scheint, als würde jeder nur noch auf die nächste SMS- oder Facebook-Nachricht warten und nur ungerne sein iPhone aus der Hand geben.

Das ist kein reines Phänomen unter Jugendlichen und jungen Erwachsenen – den sogenannten Digital Natives. Für die meisten Manager und Unternehmer gehören das Blackberry bzw. das iPhone und zunehmend das iPad und andere Tablets zu ihrer täglichen Arbeit. Der smarte Makler wird sich hier wiederfinden. Gehören Sie dazu?

Kennen Sie Coldwell Banker? Anfang 2006 feierte Coldwell Banker seinen 100sten Geburtstag. Mit 97.000 Vertriebsmitarbeitern und Maklern erwirtschaftet das Immobilienunternehmen über 5 Mrd. US$. Ende 2010 stellte das Unternehmen seine Kommunikationsstrategie größtenteils auf Web 2.0 und Mobile um. Dazu gehört eine Homepage mit zahlreichen Suchmöglichkeiten, eine iPhone- und iPad-App sowie eine YouTube-Videosuche. Coldwell Banker ist Vorreiter in der Immobilienbranche. Wann machen Sie mit?

Wo würden Sie lieber Immobilien online suchen?

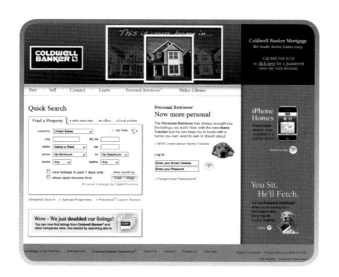

→ Seite 136
ColdwellBanker, ein Vorreiter der digitalen Immobilienkommunikation

Homepage vor Neuausrichtung

Aktuelle Homepage und iPad App

WISSEN **ARBEITEN**

VERMARKTEN

Wissen – Vermarkten – Arbeiten: Das Internet und die mobilen Endgeräte machen es smarter und vernetzter. Schnell von unterwegs über eine App die aktuellen Kauffaktoren für Investmentimmobilien in der bevorzugten Region überprüfen, über das iPad Exposés an potenzielle Käufer verschicken und anschließend die Kundenanfragen mobil beantworten. Interessiert es Ihre Kunden, ob Sie im Büro in Hamburg sind oder Ihre Arbeit von einem Landhaus in Süditalien aus erledigen?

Ist das nichts für Sie?

Nein? Dann stellen Sie sich vor:

Sie stehen mit einem potenziellen Käufer ihres Neubauprojektes vor dem noch leeren Grundstück. Ihr Kunde schaut durch die Kamera seines iPad2 und sieht auf dem Bildschirm das fertige Haus, als wäre es bereits gebaut. Er kann auf dem Bildschirm in seine zukünftige Traumwohnung hineinzoomen. Zukunftsvision? Nein, mit Hilfe des iPad2 und zahlreicher Apps für Augmented Reality ist das bereits heute möglich.

Quelle: http://spotmetrix.com/3dar/

Erstellung von AR-Ansichten

Gehen wir noch einen Schritt weiter. Während der Kunde live durch die Kamera seine Immobilien erlebt, zeichnet das iPad2 das Gesehene in Fotos und Video auf. Diese Impressionen kann er entspannt auf dem Sofa mit seiner Familie teilen. Mit einem Klick stellt er die Fotos und das Video seinen Freunden auf Facebook und Google+ vor. Diese sind begeistert und empfehlen ihm, es sofort zu kaufen. Die Freunde sind ebenfalls an einer Wohnung in dem Objekt interessiert. Die Fotos verweisen sie auf Ihre Facebook-Seite, Ihren Twitter-Account und natürlich Ihre Homepage. Jetzt können auch die Freunde des Kunden direkt Kontakt zu Ihnen aufnehmen.

Immer noch nicht interessiert?

Da helfen nur noch Fakten (Stand Januar 2012)

- 800 Millionen Facebook-Nutzer, 22 Millionen davon in Deutschland
- 300 Millionen Menschen weltweit nutzen Twitter.
- 135 Millionen LinkedIn-Nutzer
- Im November 2011 verkaufte Apple seine 10-milliardste App.
- 2011 werden circa 100 Millionen iPhones und mehr als 500 Millionen anderer Smartphones verkauft. Tendenz stark steigend.
- 2011 sollen über 70 Millionen Tablet-Computer wie das iPad verkauft werden.
- Die Android- und iPhone-Applikationen von ImmobilienScout24 haben im Juli 2011 die Eine-Million-Download-Marke überschritten. Die iPhone-App „Immoscout24" wurde seit ihrem Start im Januar 2010 über 840.000 Mal heruntergeladen, die Android-App über 160.000 Mal.

BUCHAUFBAU

Das Buch ist in sechs Kapitel gegliedert: drei Hauptkapitel, ein Leitfaden, die Vorstellung einiger Vorreiter der digitalen Immobilienkommunikation und ein kurzer Ausblick in die Zukunft. Am Ende jedes Hauptkapitels erhalten Sie einen QuickView über die Inhalte mit anschaulichen Empfehlungen für Ihre Arbeit als Immobilienmanager und -makler.

Die Einführung und die kurze Geschichte des Immobilien-Internet verschaffen Ihnen einen guten Einstieg und ein besseres Verständnis für die Dynamik der aktuellen und zukünftigen Entwicklungen. Lassen Sie sich ein wenig inspirieren und von den Möglichkeiten der digitalen Medien für Ihr Immobiliengeschäft begeistern.

Im ersten Kapitel erfahren Sie, wie sich das Internet und mobile Dienste im letzten Jahrzehnt grundlegend verändert haben. Der Autor geht dabei auf die folgenden Fragen ein:

- Wie hat sich unsere Kommunikation in den letzten 10 Jahren verändert?
- Was sind Soziale Medien und welche Entwicklungen stoßen sie an?
- Welche Effekte sind für Unternehmen wichtig?
- Wie wirkt sich die Mobilität des Internets auf dessen Inhalte aus?
- Was bedeuten diese Entwicklungen für die Vermarktung von Immobilien?

Aufbauend auf diesen Informationen wird es **im zweiten Kapital** konkreter. Hier erwartet Sie ein Überblick über die wichtigsten Innovationen der digitalen Medien und darüber, welche Anwendungen für die Immobilienwirtschaft relevant sind. Es erwarten Sie Antworten auf die Fragen:

- Welche Technologien werden in Zukunft Teil unseres Alltags sein?
- Welche davon eignen sich für Unternehmen und vor allem für Immobilienunternehmen?
- Wie entwickeln sich die Marktführer wie Google, Facebook und Apple?
- Welche Neulinge in den Sozialen Medien bieten vielversprechende Ansätze?
- Welche Dienste sind für Sie als Immobilienprofi relevant und welche nicht?
- Wie setzen Sie diese Dienste für die ganzheitliche Vermarktung von Immobilien ein?

Das dritte Kapitel geht sehr konkret auf den Immobilienmarkt ein. Es zeigt auf, welche Möglichkeiten die digitale Kommunikation bietet, um Immobilien effizienter zu vermarkten sowie smarter zu arbeiten und Wissen zu generieren. Hier behandelt der Autor folgende Fragen:

- Werden die Sozialen Medien derzeit von den großen deutschen Immobilienunternehmen erfolgreich genutzt?
- Welche Rolle spielt die Emotionalisierung von Inhalten im Internet?

- Wie werden Unternehmen und Immobilien zu eigenständigen Marken?
- Welche Wege bieten Digitale Medien bei der Suche und Vermarktung von Objekten? Wie lassen sich Internetinhalte mit der realen Welt verbinden?

Daraufhin erhalten Sie **im vierten Kapitel** einen persönlichen Leitfaden mit Tipps, Tricks und einem Umsetzungsplan für Ihre eigene digitale Kommunikationsstrategie. 10 Goldene Regeln beschließen dieses Kapitel.

- Wie erreiche ich meine Zielgruppe?
- Welchen Aufwand muss ich hierfür betreiben?
- Welche Grundlagen benötigt die Geschäftsführung, welche die Mitarbeiter?
- Wen spreche ich für welche Aufgaben an?
- Welche Kooperationen sollte ich eingehen?

Zum Schluss analysiert der Autor Internetauftritte von Immobilienunternehmen, die führend sind, wenn es um Social Media geht. Des Weiteren wagt der Autor einen kurzen Blick in die Zukunft, genauer in das Jahr 2015: In welche Richtung könnte sich die digitale Welt nach in wenigen Jahren entwickelt haben?

Übersichten von aktuellen und hilfreichen Apps, Online-Diensten etc. runden die einzelnen Kapitel ab. So wird das Buch für Sie zu einem strategischen und täglich für Ihre Arbeit nutzbaren Werkzeug.

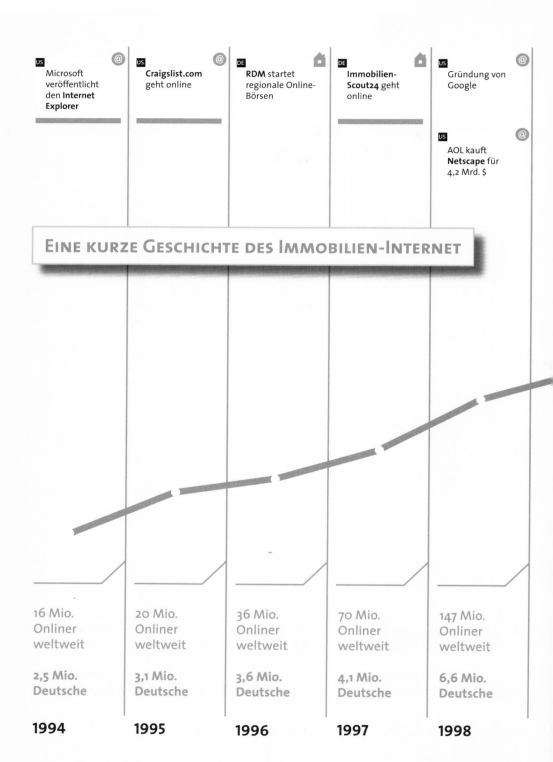

US @
Microsoft veröffentlicht den **Internet Explorer**

US @
Craigslist.com geht online

DE 🏠
RDM startet regionale Online-Börsen

DE 🏠
Immobilien-Scout24 geht online

US
Gründung von Google

US @
AOL kauft **Netscape** für 4,2 Mrd. $

EINE KURZE GESCHICHTE DES IMMOBILIEN-INTERNET

16 Mio. Onliner weltweit

2,5 Mio. Deutsche

1994

20 Mio. Onliner weltweit

3,1 Mio. Deutsche

1995

36 Mio. Onliner weltweit

3,6 Mio. Deutsche

1996

70 Mio. Onliner weltweit

4,1 Mio. Deutsche

1997

147 Mio. Onliner weltweit

6,6 Mio. Deutsche

1998

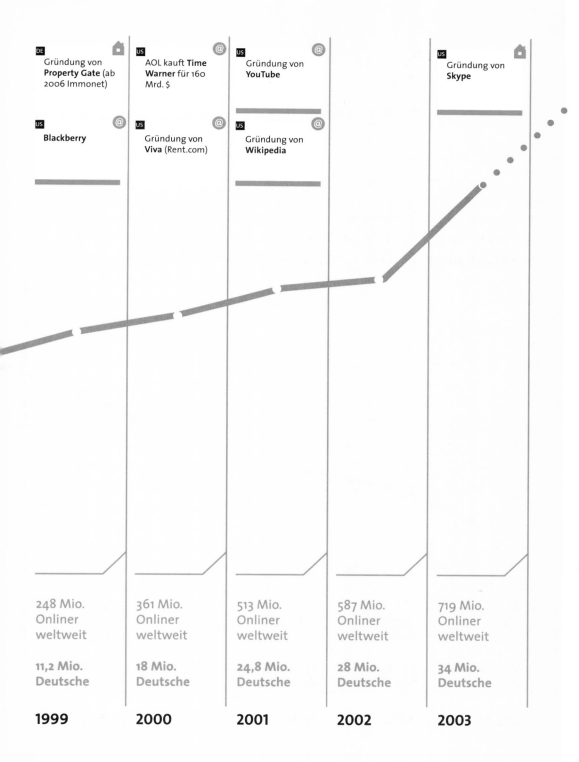

DE 🏠
Gründung von
Property Gate (ab
2006 Immonet)

US @
AOL kauft **Time
Warner** für 160
Mrd. $

US @
Gründung von
YouTube

US 🏠
Gründung von
Skype

US @
Blackberry

US @
Gründung von
Viva (Rent.com)

US @
Gründung von
Wikipedia

248 Mio.
Onliner
weltweit

361 Mio.
Onliner
weltweit

513 Mio.
Onliner
weltweit

587 Mio.
Onliner
weltweit

719 Mio.
Onliner
weltweit

**11,2 Mio.
Deutsche**

**18 Mio.
Deutsche**

**24,8 Mio.
Deutsche**

**28 Mio.
Deutsche**

**34 Mio.
Deutsche**

1999

2000

2001

2002

2003

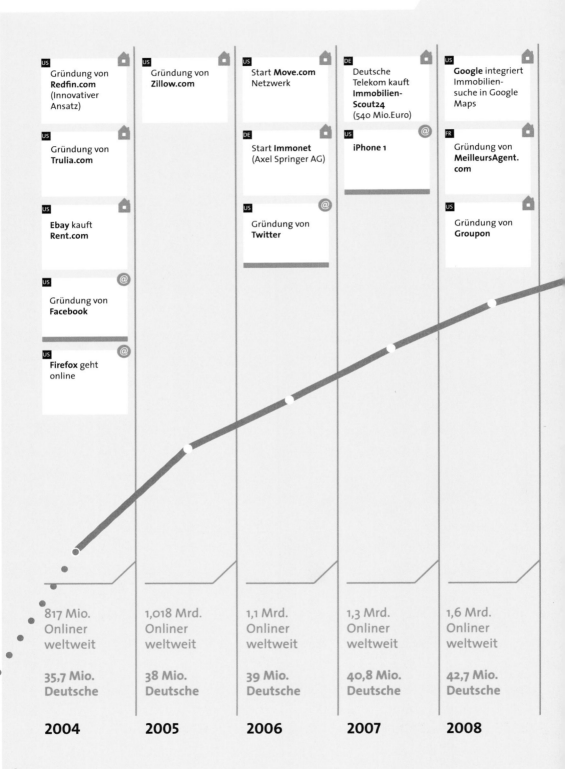

US Gründung von **Redfin.com** (Innovativer Ansatz)

US Gründung von **Trulia.com**

US **Ebay** kauft **Rent.com**

US Gründung von **Facebook**

US **Firefox** geht online

US Gründung von **Zillow.com**

US Start **Move.com** Netzwerk

DE Start **Immonet** (Axel Springer AG)

US Gründung von **Twitter**

DE Deutsche Telekom kauft **Immobilien-Scout24** (540 Mio.Euro)

US **iPhone 1**

US **Google** integriert Immobilien-suche in Google Maps

FR Gründung von **MeilleursAgent. com**

US Gründung von **Groupon**

817 Mio. Onliner weltweit

35,7 Mio. Deutsche

2004

1,018 Mrd. Onliner weltweit

38 Mio. Deutsche

2005

1,1 Mrd. Onliner weltweit

39 Mio. Deutsche

2006

1,3 Mrd. Onliner weltweit

40,8 Mio. Deutsche

2007

1,6 Mrd. Onliner weltweit

42,7 Mio. Deutsche

2008

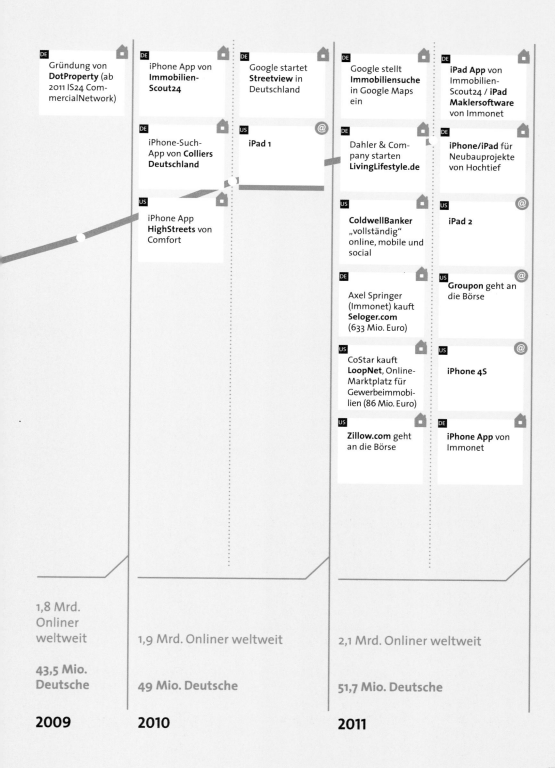

DE Gründung von **DotProperty** (ab 2011 IS24 CommercialNetwork)

DE iPhone App von **Immobilien-Scout24**

DE Google startet **Streetview** in Deutschland

DE Google stellt **Immobiliensuche** in Google Maps ein

DE iPad App von Immobilien-Scout24 / iPad Maklersoftware von Immonet

DE iPhone-Such-App von **Colliers Deutschland**

US iPad 1

DE Dahler & Company starten **LivingLifestyle.de**

DE iPhone/iPad für Neubauprojekte von Hochtief

US iPhone App **HighStreets** von Comfort

US **ColdwellBanker** „vollständig" online, mobile und social

US iPad 2

DE Axel Springer (Immonet) kauft **Seloger.com** (633 Mio. Euro)

US **Groupon** geht an die Börse

US CoStar kauft **LoopNet**, Online-Marktplatz für Gewerbeimmobilien (86 Mio. Euro)

US iPhone 4S

US **Zillow.com** geht an die Börse

DE **iPhone App** von Immonet

1,8 Mrd. Onliner weltweit

43,5 Mio. Deutsche

2009

1,9 Mrd. Onliner weltweit

49 Mio. Deutsche

2010

2,1 Mrd. Onliner weltweit

51,7 Mio. Deutsche

2011

KAPITEL 1

WIE DAS INTERNET UND MOBILE DIENSTE DIE KOMMUNIKATION GRUNDLEGEND VERÄNDERT HABEN

022

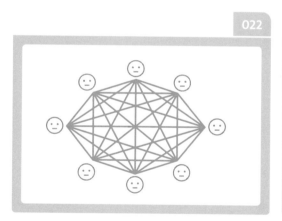

029

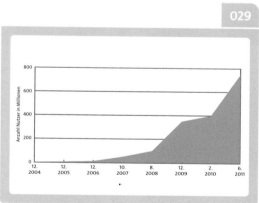

032

041

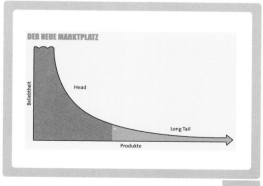

KOMMUNIKATIONSMIX – NEUE KANÄLE, NEUE INHALTE

Der Juni 2005 war kein guter Monat für den PC-Riesen Dell. Mit einem unzufriedenen Kunden fing alles an: Blogger-Star Jeff Jarvis lässt seinem Unmut über den schlechten Service freien Lauf, der einflussreiche Amerikaner endet einen Blogeintrag mit den Worten: „DELL SUCKS. DELL LIES. Put that in your Google and smoke it, Dell." Diese Schimpftirade verselbstständigt sich und landet schließlich auch bei Suchmaschinen auf dem ersten Platz – noch vor der Firmenhomepage. Dell nimmt den Zorn der Community jedoch nicht ernst, verweist nur auf die Internetseite. Die Folge: Gewinn und Aktienkurs fallen rapide.

Die **klassische Unternehmenskommunikation** ist unidirektional, verläuft also nur in einer Richtung, vom Unternehmen zum (potenziellen) Kunden, beispielsweise wenn man durch TV- oder Printwerbung, Plakate oder eine Website Botschaften sendet. Solche klassische Werbung liefert den Konsumenten ein vorgefertigtes Bild, das sie annehmen, aber auch ablehnen können. In Zeiten des Internets werden diese Kanäle zwar weiterhin genutzt, doch wird die einseitige Kommunikation mehr und mehr durch ein Modell abgelöst, in dem die feste Rollenverteilung zwischen Sender und Empfänger aufgehoben ist.

Tim O´Reilly, Internet-Pionier der ersten Stunde, gab diesem Modell schon im Oktober 2004 einen Namen: Web 2.0. Das alte Kommunikationsprinzip „one-to-many" („einer zu vielen") wird im Internet durch ein **„many-to-many"-Modell** („viele zu vielen") abgelöst, die Grenze zwischen Sender und Empfänger verschwimmt zunehmend. Der Kunde, ehemals nur Empfänger von Botschaf-

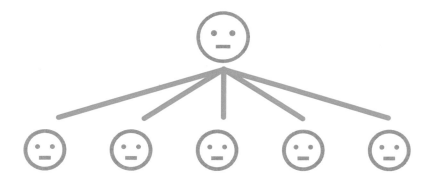

One to Many:
Ein Sender (z.B.: Immobilienunternehmen), viele Empfänger (Käufer),
die Kommunikation läuft aber nur unidirektional.

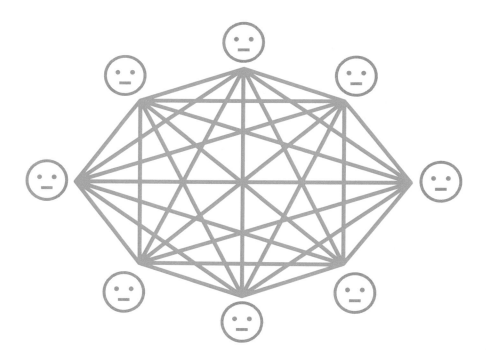

Many to Many:
Viele Sender, viele Empfänger. Kommunikation läuft teilweise unidirektional, teilweise bidirektional zwischen Sender und Empfänger sowie
multidirektional zwischen den Empfängern, was indirekt Auswirkungen
auf den Sender hat (Meinungen).

ten, kann über das Internet seine Mitteilung nun selbst verbreiten – an das Unternehmen und andere Kunden. Manche Mitteilungen erreichen dabei eine erstaunliche Relevanz. Denn sobald ein Meinungsbeitrag eine kritische Nutzermasse erreicht, kann er mehr Öffentlichkeitswirkung entfalten als eine herkömmliche Werbekampagne.

Solche öffentlichen Meinungsbeträge finden sich im Internet immer öfter, die Kunden werden immer **selbstbewusster** und machen es offen publik, wenn ihnen Mängel an einem Produkt auffallen. Was früher der Tratsch beim Kaffee war, wird nun ins Internet ausgelagert – mit der vielfachen Menge an Zuhörern. Da alle mitreden und mitlesen, kann es sich kein Unternehmen mehr leisten, diese kritische Öffentlichkeit zu ignorieren.

BEWERTUNGSPORTALE:

**IDEALO.DE
MEINPROF.DE
JOBVOTING.DE
HOLIDAYCHECK.DE
QYPE.COM**

Die veränderten Kommunikationsformen führen auch zu einem Wandel der **Kommunikationsinhalte**. Die klassische Werbebotschaft verliert an Bedeutung, der Kunde beschafft sich selbst die Informationen, die er für relevant hält. Herkömmliche Werbung wird durch einen neuen Ansatz ersetzt, um eine emotionale Bindung herbeizuführen: Der Kunde bildet sich das Bild eines Unternehmens selber. Hierfür verwenden Unternehmen die Innovationen der **Sozialen Medien (Social Media)**, um einen Dialog mit den Nutzern aufzubauen. Wenn ein Unternehmen eine Frage im Internet freundlich und kompetent beantwortet, dann hat das nicht nur Auswirkungen auf einen einzigen Kunden. Andere Nutzer lesen solche Dialoge und setzen die verfügbaren Einzelteile wie ein Puzzle zusammen: Das Unternehmen erhält im Kopf der Kunden eine eigene Identität.

Dank der sozialen Medien haben Unternehmen zahlreiche Möglichkeiten, ihre Kunden zu erreichen. So veröffentlichen sie zum Beispiel selbsterstellte Pod- und Videocasts und antworten auf Antworten einer Twitter-Nachricht. Dies schafft eine persönliche Bindung zwischen Unternehmen und Kunden. Nachhaltig werden solche Ergebnisse jedoch erst durch ständige Interaktionen, das virtuelle Gespräch auf gleicher Augenhöhe weckt positive Emotionen bei den Nutzern. Ein ganzer Marketingzweig hat sich entwickelt, selbst mittelständische Unternehmen konsultieren wie selbstverständlich einen PR-Berater für Soziale Medien. Denn ein Prinzip gilt in der Zeit des Internets nach wie vor: **„Nimm das Management deiner Identität in die eigene Hand. Sonst werden es andere tun!"**

Diesen Weg schlug Dell dann auch nach dem PR-Desaster ein, **richtete eigene Blogs** ein und bat Mitarbeiter darum

*Der Begriff ROI –
Return on Investment
(deutsch Kapitalverzinsung,
Kapitalrendite oder Anla-
genrendite) bezeichnet ein
Modell zur Messung der
Rendite einer unternehmeri-
schen Tätigkeit, gemessen am
Gewinn im Verhältnis zum
eingesetzten Kapital.

zu twittern. Das langfristige Ergebnis kann sich sehen lassen: Der **Return on Investment (ROI)*** allein über Twitter
betrug bei Dell im Jahr 2009 mehr als 3 Millionen Dollar.

Für Immobilienmakler, -manager und vor allem kleinere
Unternehmen kann **das aktive Bloggen** Vorteile im Kampf
um neue Aufträge und Kunden bringen. Ein Makler kann
sich als Experte für eine Region oder Immobilienart her-
vortun und dies offen und mit viel Expertise einer relativ
breiten Zielgruppe mitteilen und diese aktiv für seine
Zwecke nutzen. Das Bloggen muss dabei nicht nur auf
dem eigenen Blog erfolgen. Geschäftliche Netzwerke wie
zum Beispiel Xing lassen dies ebenfalls zu – innerhalb eines eigenen Profils und in Fachgruppen.

Tipp

Ein gutes Beispiel für
einen **Makler-Blog** aus
Amerika ist „The Phoenix
Real Estate Guy" (www.
phoenixrealestateguy.com).
Jay und Francy Thompson
stellen hier die regionale
Kompetenz ihrer Agenten
überzeugend dar und haben
immer aktuelle Blogeinträge.

Versuchen Sie es doch einfach mit www.wordpress.com:

1. **Kostenlos anmelden**

2. **Designthema auswählen**

3. **Erste Beiträge verfassen**

Das System ist selbsterklärend und sehr schnell einzurichten. Unter http://www.youtube.com/watch?v=4i9-JWxMReg&feature=fvsr finden Sie sehr gute Videos, die bei der Einrichtung und Nutzung von WordPress helfen.

Social Media – Interaktion, Kommunikation und Information

Avinash Kaushik ist Bestseller-Autor und Experte für das Web 2.0. An einem Montag, es war der 2. März 2009, twittert der Google-Mitarbeiter seine Definition für Social Media: „Social Media ist wie Teenage Sex", stellt er fest. „ Jeder will es, keiner weiß wie, und danach wundert man sich, dass es nicht besser gewesen ist." Kaushik zwitschert seinen Followern, was Unternehmen erfahren müssen, wenn sie „irgendwie" bei Facebook oder Twitter sind – und gar nicht wissen, was sie dort zu suchen haben.

TWITTER.COM/AVINASH

Der Begriff **Soziale Medien (Social Media)** bezeichnet eine Nutzung des Internets, bei welcher der Austausch von Informationen, Erfahrungen und Sichtweisen im Vordergrund steht. Aktive Partizipation statt passiven Konsums – das ist der Kern von Sozialen Medien. Selbst erstellte Inhalte (**User-Generated Content**) ersetzen „von oben verordnete" (**Provider-Developed Content**). Der Konsument wird zum „Prosumenten", zu jemandem, der gleichzeitig produziert und konsumiert. Er sorgt für die zukünftigen Trends, schließlich zeichnen permanente Änderungen, Innovationen und Weiterentwicklungen die Sozialen Medien aus.

HTTP://WWW.STUDIE-LIFE.DE

Laut der LIFE-Studie (2009) der Deutschen Telekom ist **für 85% der Deutschen der Umgang mit digitalen Medien selbstverständlich**er Teil ihres Lebens. Ein wichtiger Faktor für den Erfolg Sozialer Medien ist die Philosophie der Digital Natives, der im Zeitalter des Internets Großgewordenen. Diese Generation bewegt sich frei im Internet und nutzt Soziale Medien intensiv. Sie sehen das Internet als Teil ihres Alltags, führen ihr Leben aber – entgegen weitverbreiteten Vorurteilen – keineswegs nur im Netz.

Soziale Medien verändern die Wahrnehmung und Nutzung des Internets und somit auch dessen Inhalte. Neue Anwendungen und Technologien entwickeln sich rasend schnell, ständig erfinden Nutzer und Entwickler neue Funktionen, um sich in der Community, der Internetgemeinschaft, zu profilieren – und Geld zu verdienen. Doch welche Formen von Sozialen Medien sind heutzutage die wichtigsten?

Online-Plattformen und Webportale

Online-Plattformen und Webportale standen am Anfang des Web 2.0 und beeinflussten dessen Entwicklung maßgeblich. **Online-Plattformen** sind primär auf die Kommunikation und Information der Nutzer einer Community ausgerichtet, meistens mit Funktionen wie Chats, Foren oder zur Erstellung eigener Inhalte. Digitale Communities und Online-Marktplätze wie eBay geben hier ihren Nutzern die Möglichkeit, eigene Inhalte zu erstellen und von anderen Mitgliedern kommentieren zu lassen. Bei **Webportalen** steht die Information im Vordergrund. Große Internetportale wie **yahoo.com** oder **gmx.de** verbinden aktuelle Nachrichten aus der ganzen Welt mit nützlichen E-Mail- und Suchdiensten. Die Nachfrage nach solchen Angeboten bleibt auch in Zeiten Sozialer Netzwerke bestehen, Experten rechnen sogar mit weiterem Wachstum, so dass die Vorreiter der sozialen Medien weiterhin ihre Relevanz behalten dürften.

> **ONLINE-PORTALE =
> INFORMATION**
>
> **SOZIALE NETZWERKE =
> KOMMUNIKATION
> UND INTERAKTION**

Soziale Netzwerke

Internetseiten, die Menschen miteinander verbinden, haben sich zu dem wichtigsten und bekanntesten Zahnrad des Web-2.0-Räderwerks entwickelt. Netzwerke wie **Xing**, **LinkedIn** und **Lokalisten** sind in Deutschland weithin beliebt, allen voran schreitet jedoch Branchenprimus **Facebook**. Dessen Nutzerzahlen überschlagen sich in den letzten Monaten, weltweit sind bis zum November 2011 über 800 Millionen Nutzer vernetzt. Gut 10% der Weltbevölkerung nutzen also Facebook. Das ist beachtenswert, da nur ca. zwei Milliarden Menschen auf dem Globus Zugang zum Internet haben.

Nutzer von Sozialen Netzwerken wollen in ihrem Freundeskreis stets auf dem Laufenden sein, rund 50% von ihnen schauen täglich auf ihr Nutzerprofil. Weltweit verbringen die Nutzer monatlich ca. 700 Milliarden Minuten

FACEBOOK-NUTZER

Mehr als **800** Millionen aktive Nutzer
50 % aller aktiven Nutzer nutzen Facebook täglich
Im Durchschnitt hat jeder Nutzer **130** Freunde
Insgesamt verbringen die Nutzer **700** Milliarden Minuten pro Monat auf Facebook

AKTIVITÄTEN AUF FACEBOOK

Es gibt **900** Millionen Objekte, mit denen die Nutzer interagieren (Seiten, Gruppen, Veranstaltungen und Fanseiten). Im Durchschnitt ist jeder Nutzer mit **80** Objekten verbunden und erstellt selber **90** Inhalte pro Monat. Jeden Monat werden über **30** Milliarden Inhalte geteilt.

GLOBALE VERBREITUNG

75 % der Facebook-Nutzer kommen von außerhalb der USA.

MOBILE

Über **350** Millionen Nutzer nutzen Facebook über ein Smartphone.

NUTZER AUF FACEBOOK

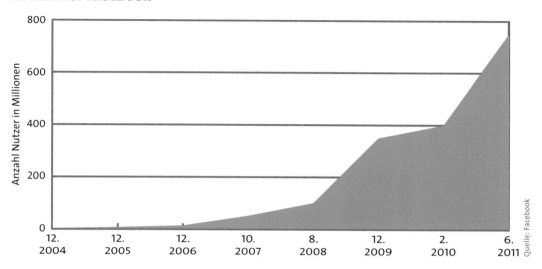

Quelle: Facebook

Nachdem Facebook erstmals im Dezember 2004 die Million geknackt hatte, ging es rapide bergauf: im August 2008 waren es weltweit bereits 100 Millionen aktive Nutzer, im Juli 2011 750 Millionen.

auf Facebook, laden 7,5 Milliarden Fotos hoch und haben im Durchschnitt 130 Freunde. Die hohe Nutzerzahl verdankt die Seite einem Schneeballsystem, das durch Weiterempfehlungen eines Nutzers mehrere Freunde auf das Netzwerk aufmerksam macht.

Über die reine Vernetzungsfunktion hinaus bietet Facebook eine Plattform für Empfehlungsmarketing. Über eine Empfehlungs-Schaltfläche (**share button**) auf externen Internetseiten teilt der Nutzer den Inhalt mit seinen Freunden: Ihnen wird angezeigt, was man gerade tut, liest oder sieht und für mitteilenswert hält. Wenn ein Nutzer beispielsweise ein Produkt empfiehlt, werden seine Freunde, die mit hoher Wahrscheinlichkeit zur selben Zielgruppe gehören, dank Facebook darauf aufmerksam gemacht. Mit einem Klick auf „Gefällt mir" (**like button**) kann man ausdrücklich zum „Fan" eines Produktes, einer Leistung oder einer Musikgruppe werden, so dass Freunde ihre Interessen untereinander abgleichen und sich austauschen. Und auch Unternehmen, die eine Fan-Page für eines ihrer Produkte erstellen, haben anhand der „likes" stets im Blick, ob und wie ein bestimmtes Produkt in der Community wahrgenommen wird.

Übersicht der 9 wichtigsten Social-Media-Dienste in Deutschland und deren Relevanz für die Immobilienwirtschaft (Stand 23.12.2011):

Social-Media-Dienst	Fakten & Zahlen	Relevanz für die Immobilienwirtschaft
LinkedIn	Soziales Kontaktnetzwerk für Unternehmer, Freiberufler und Arbeitnehmer (internationaler Fokus) 100 Millionen registrierte Nutzer Rang 22 der meistbesuchten Websites	Zugang zu neuen Mitarbeitern, Geschäftspartner finden, Wissensaustausch
Xing	Soziales Kontaktnetzwerk für Unternehmer, Freiberufler und Arbeitnehmer (deutscher Fokus) 11,1 Millionen Mitglieder	Zugang zu neuen Mitarbeitern, Geschäftspartner finden, Wissensaustausch
Facebook	Weltweit größtes Kommunikationsnetzwerk online und mobile 800 Millionen Mitglieder	Zugang zu jungen Mietern und Studenten, Imagemaßnahmen
Twitter	Schnelles Nachrichtenverteilungsnetzwerk	Kunden und Presse auf dem Laufenden halten, im Gespräch bleiben, Analyse von Wohntrends
Google+	Soziales Netzwerk von Google 107 Millionen Mitglieder	Geschlossene Gruppenkommunikation mit Mitarbeitern und Partnern, direkte Kommunikation per Video-Chat
Skype	Internet- und Videotelefonie 267 Millionen Mitglieder	Videokonferenzen
YouTube	2 Mrd. Filme pro Tag angesehen	Verbreitung von Immobilien- und Firmenvideos
Scribd	Weltweit größtes Portal für Dokumente 185.000 Mitglieder	Exposés schnell und ohne Medienbrüche verschicken
Slideshare	Weltweit größtes Portal für Dokumente	Marktanalysen schnell und ohne Medienbrüche kommunizieren

Seit Juli 2011 hat Facebook einen ernstzunehmenden Konkurrenten erhalten: **Google+**. In weniger als einem Monat meldeten sich 25 Millionen Nutzer an. Bei Google+ kommunizieren die Nutzer über so genannte **Circles**, also einzeln angelegte Gruppen mit Freunden, Bekannten oder Kollegen. Wenn ein Nutzer etwas veröffentlicht, wählt er nur die Circles aus, welchen er diesen Inhalt zeigen möchte. Google+ setzt somit bewusst auf die Trennung von Privatem und Geschäftlichem, wodurch dieses Netzwerk auch in der internen Kommunikation von Unternehmen interessant wird. Dank des integrierten Videotelefonie-Dienstes Hangouts versucht Google+ auch dem Instant-Messenger **Skype** Konkurrenz machen.

Instant-Messenger

Instant-Messenger haben sich dank ihrer unmittelbaren Kommunikationssituation zu einem hochfrequentierten Kanal der Sozialen Medien entwickelt. Der **Windows Messenger**, **ICQ** und allen voran **Skype** tragen in hohem Maße zur weltweiten Vernetzung der Menschen bei. Skype, der Marktführer der Online-Telefonie, verfügte laut eigenen Angaben im November 2011 weltweit über 663 Millionen Nutzer, auch wenn hier – im Gegensatz zu Facebook – zahlreiche Karteileichen vorhanden sind. Dennoch: 13% des internationalen Anrufvolumens gehen schon über Skype, ein Sprecher des Unternehmens teilte im Juni 2011 mit, dass in Spitzenzeiten rund 30 Millionen Menschen gleichzeitig telefonieren. Ein Bereich, den Skype der Festnetztelefonie voraus hat und der auch bereits auf Smartphones Einzug gehalten hat, ist die Videotelefonie. Mehr als ein Drittel der Anrufe (36%) werden mit der Video-Chat-Funktion erweitert.

> **Instant-Messenger** (IM) sind Online- und Mobile-Dienste zum sofortigen Versenden und Empfangen von Nachrichten.

Um mit diesem Kundenstamm Geld zu verdienen, profiliert sich Skype in letzter Zeit verstärkt im Business-Sektor – das Bonmot des Skype-Managers kommt nicht von ungefähr. Schon heute sind 35% aller Gespräche per Skype beruflicher Natur. Das Unternehmen spricht gezielt Unternehmensführungen an, um die Kommunikation sowohl innerhalb einer Firma als auch nach außen zu verbessern: Mitarbeiter erhalten spezielle Konten, die von einer Person zentral verwaltet und kontrolliert werden können.

Videoportale

Das Erstellen, Hochladen, Teilen und Konsumieren von Videos auf Internetseiten ist zu einem wichtigen Teil der Sozialen Medien geworden. Einen Meilenstein setzten dann die Gründer von **YouTube** Anfang des Jahres 2005. Das kostenlose Ansehen und Hochladen eigener Videos wurde

> **Videoportale** sind Online-Seiten zum kostenlosen Hochladen, Ansehen und Verteilen von Videos.

rasant populär, YouTube entwickelte sich zum uneingeschränkten Marktführer. Dies nutzte Google, das nur anderthalb Jahre später die Übernahme von YouTube bekannt gab – für mehr als eine Milliarde US-Dollar. Die Zahlen des Unternehmens von Juni 2010 berechtigen diesen Preis: YouTube kann auf bis zu 111 Millionen Zugriffe täglich verweisen, jedes zweite Video, das in Deutschland angesehen wird, wurde bei YouTube hochgeladen. Innerhalb von 24 Stunden werden ca. zwei Milliarden Videos abgerufen und in nur einer Minute laden die Nutzer durchschnittlich 24 Stunden Videomaterial auf die Plattform.

Doch nicht nur die Masse zählt, auch qualitativ geht YouTube den Weg von der Amateurvideoplattform zum Hochqualitätsprodukt: Die verfügbaren Auflösungen werden stetig erhöht, selbst 3D-Videos können hochgeladen werden. Der Erfolg der Seite führt dazu, dass auch Institutionen wie ARD und ZDF, die auf klassische Medien festgelegt schienen, den Online-Kanal zur Veröffentlichung nutzen.

Das amerikanische Maklerunternehmen Coldwell Banker, einer der Vorreiter unter den Maklern bei der Nutzung sozialer Medien, präsentiert viele seiner Immobilienangebote mit eigenen YouTube-Filmen: www.youtube.com/user/coldwellbanker

Sie gehen den Trend mit: weg vom herkömmlichen Fernsehen mit den festen Sendeplätzen, hin zum Video On Demand, dem Video auf Abruf, das man sich unabhängig von der Uhrzeit überall ansehen kann. Marketing-Abteilungen erkennen diesen Trend und müssen die Reichweite von TV-Werbung hinterfragen. **Unternehmen nutzen YouTube deswegen als neuen Kanal, um das eigene Unternehmen oder die Produkte emotional zu präsentieren.** Virale Vi-

deos wie der „StarWars"-Werbespot von VW (40 Millionen Zuschauer) und andere Ideen zeigen das Potenzial.

Auch das amerikanische Maklerunternehmen Coldwell Banker nutzt YouTube und präsentiert die meisten seiner Immobilien mit eigenen Videos auf einer interaktiven Karte. Auf dem eigenen YouTube-Kanal sind mehr als 2.000 Immobilienvideos zu finden. Der Kanal hatte bereits über 3 Millionen Aufrufe von YouTube-Nutzern und damit potenziellen Mietern oder Käufern.

Die deutschen Makler haben bis heute das Thema verschlafen. Aus Zeit- und Kostengründen. Es gibt aber alternative Methoden, um „schöne" Immobilienvideos schnell und günstig als animierten Collage von Fotos zu erstellen. Der Dienst **Animoto.com** ist hier Marktführer und bietet sehr gut Funktionen.

WWW.ANIMOTO.COM

Wikis

Der Austausch von Wissen steht im Vordergrund der Wikis, offen zugänglichen Datensammlungen, deren Inhalte von den Benutzern nicht nur gelesen, sondern auch aktiv verändert werden können. Bekanntestes und meist genutztes Wiki ist die Online-Enzyklopädie **Wikipedia** mit deutschlandweit knapp 17 Millionen Usern. Die Motivationen der Nutzer, sich mit eigenen Beiträgen zu beteiligen, sind unterschiedlich: Sie wollen sich mit der Breite ihres Wissens profilieren, sich in Diskussionen einbringen und nicht zuletzt selbst von den Informationen anderer profitieren.

Der demokratische Wissenstransfer ist nach Expertenmeinungen den herkömmlichen Lexika in einigen Aspekten wie Nischenwissen sogar überlegen, er ist jedoch auch für inhaltliche Fehler und kurzfristige Sabotage anfällig. Beispielsweise als ein Nutzer dem damaligen Minister Karl-Theodor zu Guttenberg in seinem Wikipedia-Artikel einen weiteren Vornamen andichtete und verschiedene Medien diesen ungeprüft übernahmen – um ein bekanntes, wenn auch harmloses Beispiel zu nennen. Für Unternehmen ist ein hochwertiger und objektiv wirkender Eintrag bei Wikipedia ebenso wichtig wie die eigene Firmenseite. Denn hier erhalten Nutzer die gesuchten Informationen schnell und bündig, ein zu kurzer oder offensichtlich subjektiv verfasster Artikel wirkt sich negativ auf das Bild des Unternehmens aus.

Wikis sind Webseiten, die von den Nutzern jederzeit geändert und erweitert werden können. Die anderen Leser sehen dabei die Änderungshistorie und den jeweiligen Redakteur.

Tipp

Wikis sind eine einfache und effiziente Methode, um interne Leitfäden und Anleitungshandbücher gemeinsam im Team aufzubauen und zu pflegen. So können zum Beispiel interne Bewertungsexperten für ihre Maklerkollegen eine Anleitung für die richtige Bewertung von Immobilien verfassen. Die Kollegen können ihre Erfahrung mit den Kunden in das Wiki einbringen.

Blogs

Der Blog zeichnet sich durch seine Subjektivität aus. Die Funktion als persönliches Tagebuch wurde längst abgelöst, mittlerweile werden Blogs als Medium zur Publikation genutzt. Nicht der multidirektionale Transfer von Wissen steht im Vordergrund, sondern vielmehr die Kommunikation des Bloggers mit seinen Lesern. Im Gegensatz zu einem Zeitungskommentar ist eine direkte Diskussion nicht nur möglich, sondern ausdrücklich erwünscht. So können die Leser eines Blogs diesen kommentieren und damit dem Autor Feedback zu seiner Darstellung geben und sich untereinander darüber austauschen. Innerhalb der Blogger-Gemeinde, der so genannten Blogosphere, gibt es Beiträge und Foren zu allen denkbaren Themenkomplexen. Beispielsweise ist der amerikanische **Blog TechCrunch** (www.techcrunch.com) führend in der innovativen Branche rund um Internet und Social Media.

Links in eigene Blogs einzubinden und die Inhalte zu kommentieren gehört ebenso zum guten Ton wie eingebettete Grafiken, Animationen und vor allem Videos, die direkt gesehen werden können. Auch die Geschäftswelt hat den Blog für sich entdeckt, so können **CorporateBlogs** erheblich zur Imagesteigerung und Verbesserung von Kundenansprache und -bindung beitragen. In der Immobilien-

Ein Beispiel für einen Immobilien-Blog eines deutschen Maklerunternehmens: http://spardaimmobilien.de/blog/

branche bieten Unternehmen auf ihren Blogs den Surfern aktuelle und ansprechende Inhalte, verweisen auf die eigenen Profile in den Sozialen Medien und vernetzen sich mit anderen Architekten.

Mikroblogs

Eine Unterart der Blogs sind Mikroblogs, allen voran das seit 2006 existierende Twitter. Von ihren großen Brüdern, den Blogs, die im Prinzip endlos lang sein können, unterscheidet diese Dienste, dass sie auf eine bestimmte Zeichenanzahl beschränkt sind. Bei **Twitter** dürfen die sogenannten Tweets 140 Zeichen lang sein, also gerade so lang, dass die Nachricht in eine SMS passt. Da die Zeichenanzahl oft nicht ausreicht, hat es sich durchgesetzt, innerhalb des Tweets eine **Kurz-URL** einzubetten, über die eine Website erreicht werden kann. Noch im Jahr 2007 erblickte gerade einmal alle 17 Sekunden ein neuer Tweet das Licht der Welt, im Juli 2011 gingen pro Tag bereits 200 Millionen Tweets über die Plattform. Zu Spitzenzeiten wie dem Tod von Osama bin Laden zwitscherten die Tweeple, wie die Nutzer genannt werden, sekündlich über 5000 Nachrichten ins Web.

Im Gegensatz zu Blogs, die teilweise auch Jahre später noch gelesen werden, ist die Lebensdauer der Tweets aufgrund ihrer Menge um ein Vielfaches kürzer. Die Aktualität ist einer der wichtigsten Faktoren eines Mikroblogs. Autoren und Leser achten darauf, gut vernetzt zu sein, um stetig aktuelle und relevante Informationen zu erhalten. Man folgt sich gegenseitig, erhält also immer Bescheid, wenn jemand etwas Neues mitteilt. Der Dialog zwischen den Nutzern wird über Retweets hergestellt, wenn man also die Nachricht eines anderen zitiert. Damit die eigenen Nachrichten auch gelesen werden, muss man gut vernetzt sein. Auch hier greift das Schneeballprinzip der Sozialen Netzwerke: Entweder empfiehlt man andere Nutzer oder durchsucht die Profile anderer Tweeple.

Dank ihrer geringen Datenmenge und ihrer Aktualität sind Nachrichten auf Twitter schneller verfügbar als die traditionellen Meldungen, allerdings ohne redaktionelle Filterung, Quellenverifizierung und Überprüfung auf Richtigkeit und Verwertbarkeit. Dennoch läuft Microblogging gerade bei hochaktuellen Themen den etablierten Medien aufgrund seiner Schnelligkeit den Rang ab. Auch Suchmaschinen wie Google können hier nicht mithalten. So bedienen sich Unternehmen wie Google selbst Twitter und verbessern die Unternehmenskommunikation, indem sie Mitarbeiter über eigene Profile tweeten lassen. Konzerne entdecken immer öfter das Wachstumspotenzial von

Tipp

VERWENDUNG VON TWITTER #-TAGS (HASHTAGS)

Wenn Sie Ihrem Tweet einen Hashtag hinzufügen, kann jeder, der nach dem Begriff mit Hashtag sucht, Ihren Tweet finden. Abgesehen vom Gebrauch von Hashtags für Spam gibt es keine Regeln bezüglich der Hashtags. Eine der Benimmregeln ist jedoch, nur Tweets mit Hashtags zu versehen, die sich auf das Thema beziehen, um die Liste um einen Begriff mit Hashtags herum nicht ausufern zu lassen.
Quelle: Twitter.com

Diensten wie Twitter und verleihen ihrem Image dank zwitschernder Mitarbeiter Konturen.

Social Bookmarks

Eine Möglichkeit, den befürchteten „Information Overload" zu verwalten, sind so genannte Social Bookmarks. Dienste wie **Delicous** und **digg** in den USA bzw. **Mister Wong** oder **OneView** in Deutschland helfen Internetnutzern dabei, interessante und erwähnenswerte Webseiten zu finden und weiterzuempfehlen. Hierfür „**bookmarken**" die Nutzer ihre Lieblingsseiten zuerst, versehen sie also mit einem digitalen Lesezeichen, und „**sharen**" sie dann, verbreiten sie also in ihrem Netzwerk. Darüber hinaus vergeben Nutzer Schlagworte zur Beschreibung der Bookmarks – sogenannte Tags. Je mehr Nutzer das tun, umso genauer kann eine Internetseite charakterisiert werden.

> **Social Bookmarks** sind Online-Dienste zur Speicherung und Teilung von Lieblingsseiten.

Die einfache Bedienung macht diese Dienste attraktiv: Erstens kostet es den einzelnen User wenig Zeit, einen Link zu teilen, zweitens profitiert die Community von den Erfahrungen Einzelner. Aufmerksame Beobachter verfolgen über diese Dienste neueste Trends von Beginn an, anstatt sie zu verschlafen. Unternehmensinterne Intranets nutzen Social-Bookmarking-Systeme, damit Mitarbeiter häufig aufgerufene Dokumente leichter finden können, und verbessern so ihre Arbeitsabläufe. Empfehlungssysteme, so genannte Recommender, fungieren als Hilfe, um Schlagworte zu vergeben, indem sie eine sinnvolle Auswahl zur Verfügung stellen.

Die Twitter-Seite des Maklerverbunds RE/MAX: http://twitter.com/#!/remax

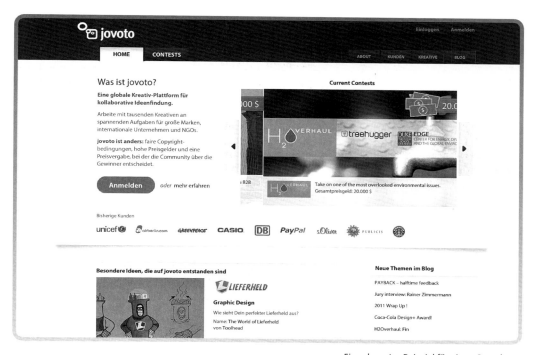

Ein sehr gutes Beispiel für einen Crowd-Sourcing-Dienst ist Jovoto.com aus Berlin. Kreative aus der ganzen Welt arbeiten online für ihr Unternehmen. So können Sie sich zum Beispiel Ihr Markenlogo für Ihr neues Immobilienprojekt hier erstellen lassen – über einen Ideenwettbewerb.

Crowd Sourcing

Dieses Konzept, ein Wortspiel aus dem Englischen crowd (Menge) und Outsourcing, stellt für Unternehmen eine Möglichkeit dar, die Schwarmintelligenz der Internetnutzer für ihre eigene Marke zu nutzen. So sind im **App-Store** nicht nur Inhalte von Apple zu finden, sondern auch die von Außenstehenden, die die Popularität des Apple-Stores zur Vermarktung ihrer eigenen Produkte nutzen wollen. So entsteht eine Win-Win-Situation: Apple muss nicht fürchten, auf kurze Sicht die Marktführerschaft zu verlieren, und bindet die Konkurrenz kurzerhand in die eigene Vermarktung mit ein. Für die externen Entwickler wiederum tut sich durch ihre Präsenz im App-Store ein riesiger Absatzmarkt auf, den sie alleine schwerlich erreicht hätten. Unternehmer können so auch ihre eigene Wahrnehmung bei den Nutzern verbessern. So holen sich einige Firmen regelmäßig Feedback aus den Netzwerken, sei es durch Umfragen oder erste Vorab-Produkt-Releases.

> Als **Crowd Sourcing** bezeichnet man ein Konzept zur Erstellung von Inhalten und Ideen durch eine größere Menge von Nutzern, die jeweils kleine Beiträge zum Ganzen liefern.

VIRALER EFFEKT UND LONG TAIL

Zwei Männer fesseln ein leichtbekleidetes Model an einem Stuhl in einem abgelegenen Haus, rufen die Polizei, lassen sie das ganze Haus durchstreifen und nehmen alles auf Video auf. Doch statt dafür ins Gefängnis zu gehen, landen sie einen weltweiten Hit, der sich auf Blogs und in Nachrichten wie ein Virus rasend schnell verbreitet. Der YouTube-Link wurde in kürzester Zeit über 700 000 Mal angeklickt. Ian Adams und Adrian Jenkins wurden Kult durch ihre pfiffige Werbeidee – und verkauften die Luxusimmobilie.

Hier finden Sie die 10 erfolgreichsten viralen Videos als Inspirationsquellen:
HTTP://LISTPHOBIA. COM/2011/04/10/10-MOST-FAMOUS-VIRAL-YOUTUBE-VIDEOS/

Der **virale Effekt** ist der wohl am meisten diskutierte Effekt des Internets, da er eine riesige Nutzerzahl erreicht. Homepages, Songs und vor allem Videos verbreiten sich von einem Tag auf den anderen wie ein Lauffeuer auf der ganzen Welt. Doch wie entsteht ein solcher Effekt?

Virale Kommunikation nutzt Soziale Netzwerke und Medien, um einem Inhalt innerhalb kürzester Zeit zu einer maximalen Aufmerksamkeit zu verhelfen. Wenn jemand einen Inhalt im Netz veröffentlicht, der von vielen Internetnutzern und einigen Meinungsführern in Blogs und Sozialen Medien aufgenommen wird, entsteht ein rasanter Prozess der Verbreitung, der nicht mehr zu stoppen ist. Dabei können sich positive und negative Meinungen bilden, die Hauptsache ist, dass das Thema intensiv diskutiert wird. Sobald eine kritische Masse an Nutzern erreicht wird, die den Inhalt weiterempfehlen, kann man von Viralität sprechen.

Es verwundert daher nicht, dass Unternehmen versuchen, **virale Videokampagnen** zu starten. Hierfür holen sich viele einen Experten ins Boot, der ihnen 100 000 Zuschauer verspricht – ansonsten stelle er keine Rechnung. Doch auch ohne externe Hilfe kann ein Inhalt viral werden, wenn grundlegende Dinge beachtet werden:

IHR NETZWERK

558
direkte Kontakte

220.284
Kontakte der Kontakte

2.371.914
Kontakte dritten Grades

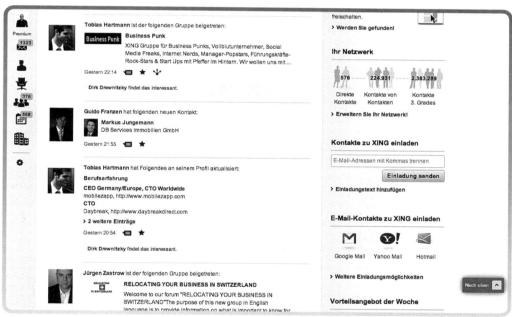

- In der Kürze liegt die Würze: 15 bis 60 Sekunden sind eine ideale Länge, idealerweise beinhaltet eine virale Kampagne mehrere Videos.

- Frische Präsentation: Die Inhalte können gewöhnlich sein, aber erst ein ungewöhnlicher Ansatz macht ein Video bekannt. Wichtig: Es darf nicht wie Werbung aussehen.

- Schock-Effekt: Er rüttelt den Nutzer auf und bringt ihn dazu, sich mit dem Inhalt auseinanderzusetzen.

- Sex sells: Nutzer von Sozialen Medien sind meistens männlich. Wenn alle Stricke reißen, wird das Auftreten einer attraktiven Frau für Aufmerksamkeit sorgen.

Über drei Stufen ist der Nutzer mit seinen direkten Kontakten, aber auch mit den Kontakten dieser Kontakte vernetzt.

Der Inhalt muss aktiv verbreitet werden, mit Hilfe eines großen Freundeskreises oder durch die Empfehlung eines Meinungsführers in Sozialen Netzwerken und Blogs. Damit sich ein Gedanke zum Inhalt in den Köpfen der Nutzer festsetzt, sollte dieser durch Neuigkeiten und Ergänzungen regelmäßig aktualisiert werden.

Es geht vor allem darum, eine exponenzielle Verbreitung zu erreichen. Hier vier Rechenbeispiele:

- 25% der „Freunde" werben je 4 neue Freunde = Faktor 1

- 10% der „Freunde" werben je 8 neue Freunde = Faktor 0,8

- 15% der „Freunde" werben je 10 neue Freunde = Faktor 1,5

- 5% der „Freunde" werben je 20 neue Freunde = Faktor 1

Nur im Beispiel 3 wird ein viraler Effekt einsetzen. Sie müssen also auf das Zusammenspiel aus den zwei Faktoren achten: Der Inhalt muss so attraktiv sein, dass ein großer Anteil Ihrer „Freunde" ihn verbreitet, und Ihre „Freunde" müssen selbst über ein großes Netzwerk mit zahlreichen Adressaten verfügen. Studien haben belegt, dass 25% der Nutzer gelegentlich Inhalte weiterleiten, 75% tun das nie! Das ist die Herausforderung des viralen Marketings.

Long Tail

Der Long-Tail-Effekt kam erstmals 2004 im „Wired Magazine" auf. Der „lange Schwanz" steht für die große Menge an Produkten, die nicht auf dem Massenmarkt erhältlich sind. Früher wurden sie als Ladenhüter aus dem Sortiment genommen, heute verspricht eine unbesetzte Nische ein gutes Geschäft. Viele Unternehmen stürzen sich auf die großen Absatzmärkte und ignorieren die Nischenprodukte, da ihre geringe Nachfrage sie als unrentabel erscheinen lässt. Dies hat sich dank des Internets grundlegend geändert. Die Vertriebskosten werden heutzutage immer geringer, ein **Online-Shop bei Amazon** ist kostenlos und in wenigen Minuten eingerichtet. Es fallen daher keine hohen Investitions- und Betriebskosten an. Marketingkosten können entsprechend dem Verkaufserfolg nach und nach gesteigert werden, die Sozialen Medien helfen kreativen Start-ups ohne großes Werbebudget beim Bekanntwerden.

Einige Internet-Unternehmen gehen noch weiter. Sie bündeln erst die Nachfrage und produzieren dann das Produkt. Bei digitalen Produkten wie zum Beispiel Musik-Downloads und eBooks ist der Long-Tail-Effekt am effizientesten, da hier kein Versand nötig ist. Dank der geringen

ASTORE.AMAZON.DE

ASTORE.AMAZON.DE/ DEMOSTORE-21

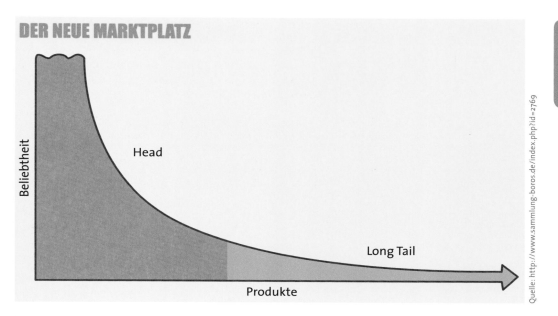

Quelle: http://www.sammlung-boros.de/index.php?id=2769

Kosten und der großen Zahl an potenziellen Käufern auf der ganzen Welt lohnen sich Nischenprodukte bereits ab einer marginalen Menge.

Der Long-Tail-Effekt ist auch auf Inhalte im Bereich der Sozialen Medien anwendbar. Durch die Reichweite des Internets können Blogs zu Nischenthemen eine beachtliche Besucherzahl aufweisen. Wird dann beispielsweise ein Corporate Blog zum Experten in einem Themenbereich, erhält das Unternehmen nicht nur das Vertrauen der Kunden, sondern baut auch das Netzwerk aus.

Auch für die Immobilienwirtschaft ist der Long-Tail-Effekt nutzbar. Für jedes Objekt gibt es einen Käufer oder Mieter. Je spezieller das Objekt ist, zum Beispiel eine Tankstelle umgebaut zu einem Wohnhaus, desto „longtailiger" muss der Effekt sein. Eine Platzierung auf Facebook oder auf einem Portal für spezielle Interessen kostet nichts oder relativ wenig. Versuchen Sie es!

Der „Long Tail" repräsentiert die unendlich vielen Nischen-Produkte, die auf einem Massenmarkt keine Chance haben, die ihre Nutzer aber über Soziale Medien finden können.

SMARTNET – MOBILITÄT UND LOKALITÄT

Smartphones treiben Lehrern Schweißperlen auf die Stirn. Während früher nur ab und zu mal ein polyphoner Klingelton den Unterricht störte, überfordert heutzutage das Internet in der Hosentasche die ergrauten Pädagogen. Über ein Drittel der amerikanischen Schüler bekennt sich zum heimlichen Blick auf Wikipedia, rund ein Viertel von ihnen hat kein schlechtes Gewissen dabei. Die ratlosen Lehrer ziehen die iPhones vor der Klausur ein, die Schüler verstehen die ganze Aufregung nicht. Für sie ist die Technik zu einem selbstverständlichen Teil ihres Lebens geworden.

Die junge Generation der Digital Natives nutzt ihre Telefone anders als ihre Eltern, sie verzichten immer öfter auf einen Festnetzanschluss. Doch die Entwicklung zur Mobilität macht auch vor der Generation 50plus nicht Halt. In der Altersgruppe der 50- bis 64-Jährigen besitzt die große Mehrheit (75%) ein Handy, bei den über 65-Jährigen ist es bereits jeder Zweite. Die Generation des Wirtschaftswunders wurde in letzter Zeit von der Werbung entdeckt.

Wie zwei Generationen von Digital Natives die Welt erleben.

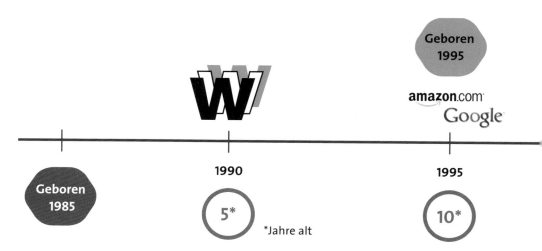

Dank der hohen Handydichte in Deutschland wird auch der mobile Zugang zum Internet beliebter. Noch hat das mobile Netz in Deutschland zwar nicht annähernd so viele Nutzer wie das Internet zu Hause, doch der Trend zeigt klar nach oben. Innerhalb der Internetwirtschaft stellt das mobile Internet in Deutschland bereits den viertgrößten Umsatzblock dar. Die Mobilfunkbranche ist für die weitere Entwicklung verantwortlich: Zunächst mit der Verbreitung von Handys zum Telefonieren, nun mit dem Angebot, damit mobil zu surfen. Eine neue Form des Internetzugangs hat sich etabliert: **das Smartnet** – angelehnt an das wichtigste Gerät dieser Entwicklung, das Smartphone.

Smartphones und Smartnet

Zu Beginn der Smartnet-Ära stand auf der einen Seite die Nachfrage nach mehr **Mobilität** in allen Lebensbereichen, andererseits wurde die **Nutzung des stationären Internets** von zu Hause oder dem Büro aus selbstverständlich. Eine Verbindung beider Entwicklungen war deswegen nur eine Frage der Zeit. Da die ersten Internethandys selten zum Surfen genutzt wurden, suchten die Hersteller von Mobiltelefonen nach einer gut bedienbaren Alternative. Dies markierte die Geburtsstunde der Smartphones. Diese Geräte vereinen den Leistungsumfang eines Mobiltelefons mit dem eines „persönlichen digitalen Assistenten" (Personal Digital Assistant, PDA), verfügen zunehmend über Touchscreens und GPS und können – dank eines eigenen Betriebssystems – jede Form von Daten mobil verwalten. Die Smartphone-Nutzer in Deutschland machen noch einen vergleichsweise geringen Anteil an der Gesamtheit der Mobiltelefonbesitzer aus. Doch der **Trend** zeigt, dass

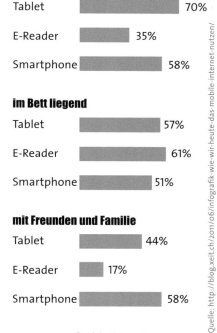

WO WIR DAS INTERNET NUTZEN

zum Fernsehen

Tablet — 70%

E-Reader — 35%

Smartphone — 58%

im Bett liegend

Tablet — 57%

E-Reader — 61%

Smartphone — 51%

mit Freunden und Familie

Tablet — 44%

E-Reader — 17%

Smartphone — 58%

2005 fand das Internet zum größten Teil auf dem Desktop-PC statt. Heute wird es immer öfter unterwegs über das Smartphone genutzt oder entspannt auf dem Sofa sitzend per Smarttablet.

Quelle: http://blog.xeit.ch/2011/06/infografik-wie-wir-das-mobile-internet-nutzen/

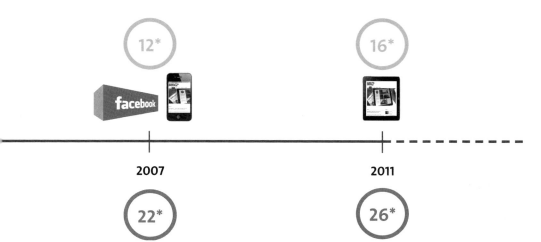

12*

16*

2007

2011

22*

26*

Smartphones die einfachen Internet-Handys in absehbarer Zeit ersetzen werden.

Ähnlich wie die Nutzerzahlen von Sozialen Medien zunehmen, steigt auch die Nutzung des Smartnets rapide. Die deutsche Bevölkerung scheint hier noch Bedenken zu haben, vor allem im Hinblick auf Sicherheit und Datenschutz. Dazu kommt die Angst vor zu hohen Kosten und die Befürchtung, die mobilen Endgeräte seien in der Darstellung, Nutzerfreundlichkeit und Schnelligkeit dem herkömmlichen Internet unterlegen.

Diese Bedenken dürften angesichts der Innovationen im Soft- und Hardwarebereich aber schon bald überholt sein. Auch die Kosten fürs mobile Surfen sinken dank Flatrate-Angeboten und dem wachsenden Konkurrenzkampf von Mobilfunkanbietern. Denn der Markt ist noch lange nicht gesättigt: Smartphones werden in Deutschland derzeit primär von der gut situierten oberen Mittelschicht genutzt, insbesondere von Business-Usern über 30. Die Mitglieder dieser Generation sind offen gegenüber Innovationen und überdurchschnittlich gut vernetzt. Sobald der Kostenfaktor nur noch eine kleine Rolle spielt, werden auch andere Nutzergruppen das Smartnet nutzen.

Der Wunsch nach Mobilität und die Selbstverständlichkeit des Internets haben zum Smartnet geführt. Nun wird das Smartphone selbst zum Auslöser einer neuen Entwicklung: Das Internet verändert sich, es stellt sich auf die mobilen Surfer ein. Diese laden unermüdlich von überall Bilder und Videos hoch und produzieren so gigantische Mengen an Daten. Hot Spots – früher noch das Zugangstor zum mobilen Internet – wurden von der örtlichen Unabhängigkeit des Smartnets ersetzt. Es ermöglicht das „Eintauchen" in das Internet auch unterwegs.

Touchscreens

Berührungsempfindliche Bildschirme gab es schon seit Ende der 70er Jahre. Das Prinzip setzt auf die intuitive Verwendung des Tastsinns: Die Nutzer bedienen ein Gerät mithilfe von Fingerbewegungen direkt auf dem Display. Doch erst seit der Entwicklung von Smartphones erlangte diese Technik Produktreife. Apples **iPhone** löste mit seiner intuitiven Bedienung eines der grundlegendsten Hardwareprobleme der letzten Jahre und verband auf innovative Weise mehrere Trends miteinander: kleine Handys, große Bildschirme und eine nutzerfreundliche Bedienung. Die herkömmliche Tastatur wurde durch ein digitales Keyboard ersetzt, das nur eingeblendet wird, wenn es benötigt wird. Der dadurch frei gewordene Platz gibt Raum für

ein maximal großes Display, über das nun selbst die ge-
steuert wird.

Tablet-Computer

Der Komfort der Touchscreens wurde aufgegriffen, als es
um die Entwicklung der ersten Tablet-Computer ging. Sie
sind nicht als Ersatz für den Heimcomputer konzipiert,
sondern auf den Konsum von Medien wie Videos, Spiele,
Musik und Texte ausgelegt. Nicht umsonst werden sie als
Lean-Back-Medien bezeichnet. Man setzt sich auf seine
Couch, lehnt sich zurück und taucht in die Welt des Internets ein.

Das Prinzip eines Geräts mit großem Bildschirm wurde in
einer breiteren Öffentlichkeit bekannt, als E-Book-Reader
wie das **Kindle** von Amazon auf den Markt kamen. Den
Durchbruch konnten die Tablet-Computer dank des **iPad**s
von Apple verzeichnen. Dies ist auch auf die starke Marke
von Apple zurückzuführen, derer sich Unternehmen gerne
bedienen. Firmen, die bereits heute das iPad für die Präsentation von Produkten nutzen, gelten als innovativ und
angesagt. Das Apple-Image färbt ab.

Dank des Smartnets bieten Tablet-Computer außerdem
eine komfortable Art des **Online-Shopping**s. Die intuitive
Haptik, große Bilder und Interaktivität lassen Produkte
emotional erlebbar erscheinen. Die iPad App von **Net-a-
Porter** macht es vor, Frauen aus der ganzen Welt können
direkt über das iPad Designermoden kaufen. Ganz intuitiv:
heranziehen, anfassen, kaufen.

Was bedeuten diese Entwicklungen für Sie als Immobilienmakler und -manager? Lassen Sie uns **die gesamte
Wertschöpfung einer Immobilienvermarktung** betrachten:

http://www.amazon-presse.de

Wertschöpfung einer Immobilienvermarktung

Wertschöpfung	Normaler Prozess
Eine „kommende" Lage ausfindig machen	Marktberichte durchforsten oder beauftragen. Glaskugel befragen. Bauchgefühl.
Eigentümer mit dem richtigen Objekt ausfindig machen	Persönliche Kontakte. Maklernetzwerke. Straßenaufbereitung.
Eigentümer ansprechen	Direkte Ansprache
Auftrag des Eigentümers erhalten	Auftrag persönlich unterschreiben
Objekt vermarkten	Exposés per Word erstellen.
Objekt Kunden präsentieren	Exposés per Post oder als PDF per E-Mail verschicken.
Kunden alternative Objekte vorschlagen	In seiner Datenbank suchen und Exposés verschicken
Kunden dazu bringen, mich zu empfehlen	Mundpropaganda ungesteuert
Deal kommunizieren	Eigene Homepage

Smarter Prozess	Nutzen für Makler
Qype mobile aufrufen und nach den größten Bar- und Restaurantdichten in seiner Vermarktungsstadt suchen (Qype ist die größte Bewertungsplattform für Restaurants). Google Analytics nutzen (ein kostenloser Service von Google, um die Nutzungszahlen der eigenen Homepage analysieren zu können).	Qualifizierte Trenddaten adhoc mobil abrufen. Fundierte Informationsquellen. Zeit- und Geldersparnis.
Ankaufsprofile auf geschlossenen Online-Markt-plätzen einstellen. Recherche bei Google Maps „Unternehmensver-zeichnis"	Zugang zu neuen Kunden. Aktuelle Eigentümerinformationen. Objekt online „zuführen" lassen.
Ansprache über eigene E-Mail mit Link zur Referenz-liste	Keine direkte Belästigung. Mit Expertise direkt punkten.
Auftrag digital unterschreiben	Effizienz Bauträger suchen immer öfters nach digital innovativen Maklern.
Exposés als Smart Exposé online und mobile erstel-len (als App mit persönlichen Zugangsdaten für jeden Kunden als Code)	Immer aktuelles Exposé. Eine Datenquelle mit automatischen Update innerhalb aller Smart Exposés. Medienoptimierte Exposés (z.B. Mobile-Version)
Link zum Smart Exposé verschicken bzw. Kunden Link zur App mailen	Kunde kann sich online oder mobile das Exposé immer mit den aktuellen Daten ansehen und direkt mit dem Makler über die App kommunizieren. Der Makler hat jederzeit Zugang zu den Zugriffsstatistiken. Emotionale Bindung der Kunden und Beweis der Innovationskraft.
Smart Exposé kennt die Anforderungen des Kunden und schlägt automatisch passende Objekte vor.	Der Kunde übernimmt die Arbeit.
Sharing-Funktionen innerhalb der Smart Exposés	Viraler Effekt „gesteuert"
Eigene Homepage und Referenzseiten innerhalb der Smart Exposés. Social Media	Breitere Kommunikation

Nicht das Medium, die Kombination macht es aus

Die digitalen Medien werden immer wichtiger. Das heißt aber nicht, dass für bestimme Zielgruppen und Produkte die gedruckte Kommunikation über Broschüren und Printanzeigen nicht effizienter ist. Eine Kombination aus Print und Online/Mobile ist unverzichtbar. Eine Broschüre ohne Hinweis auf den Internetauftritt gehört der Vergangenheit an. Unabhängig von Produkt oder Zielgruppe: Jeder Deutsche ist online! Die Vorteile der digitalen Kommunikation liegen auf der Hand: Aktualität, Multimedialität, direkter Kontakt.

Das Internet ist emotional

Welches Unternehmen hätte es nicht gerne, dass sein virales „Werbevideo" innerhalb von wenigen Tagen mehr als 1 Million Zugriffe auf YouTube hat. Der Glaube versetzt Berge, aber nicht das Internet. Um einen viralen Effekt zu erzielen, braucht es: außergewöhnliche Inhalte, eigene, kritische Größe an Fans/Freunden in Sozialen Netzwerken oder Zugang zu Meinungsführern, Glück.

Der Kunde will finden, nicht suchen

Das mobile Internet ist kein Trend mehr. Es ist die Zukunft und die Gegenwart. Die Optimierung der Inhalte für mobile Endgeräte gehört heutzutage zum Standard, um Smartnet-Nutzer zu erreichen. Hierbei gilt: Weniger Text, mehr Bilder und Videos sowie lokal basierte Informationen geben den Ton an. Tablets sollten bereits heute beachtet werden.

Kommunikationsmix

Je nach Zielgruppe, Lage und Immobilienart den Kommuni-
kationsmix aus Print und Online variieren.
• Junge Zielgruppe, Metropolen, Design-Immobilien -> mehr
Online und Soziale Medien
• Ältere Zielgruppen, Gewerbeimmobilien, Villen -> mehr
Print und Direktvertrieb

Nicht immer Viral

Ein Immobilienunternehmen oder eine „Immobilie" wird nie
einen vergleichbaren viralen Effekt wie zum Beispiel ein Mu-
sik- oder Spaßvideo erreichen. Daher müssen die erreichba-
ren Ziele niedriger angesetzt werden. Ein außergewöhnliches
Design, ein freches Immobilienvideo oder ein prominenter
Käufer sind spannende Inhalte, um einen virales Effekt in
Gang zu setzen.

Tablets / iPad

Über das iPad können Immobilienprojekte perfekt in Szene
gesetzt werden. Große Bilder, Panoramavideos sowie eine
direkte Kommunikation mit dem Nachfrager machen die Immobilien und das Immobilienunternehmen „sexy". Über das
iPhone oder andere Smartphones können Nachfrager eigen-
ständig nach Immobilien suchen. Die „near by"-Funktion
lässt es direkt in der gewünschten Lage zu.

Die Handlungsvorschläge bauen pro Kapitel aufeinander auf. Die Vorschläge lassen sich so schrittweise erweitern und geben als Gesamtes ein Kommunikationskonzept für die Vermarktung von Immobilien und von Immobilienunternehmen vor – am Beispiel eines Neubauprojektes.

1. Suchen Sie sich ein Neubauprojekt heraus, das zu einer jüngeren Zielgruppe passt – zum Beispiel Townhäuser in zentraler Lage.

2. Als Makler versuchen Sie den Bauträger davon zu überzeugen, ein wenig mehr digitale Kommunikation für das Projekt zu machen – als Pilotprojekt mit Imagefaktor für beide Parteien.

3. Ist es Ihre erste digitale Kampagne, beauftragen Sie eine erfahrene Agentur mit der Beratung und Umsetzung. Hier können Sie lernen und in den nächsten Projekten selber aktiv werden.

4. Bestimmen Sie einen Mitarbeiter, der auch die weiteren digitalen Kampagnen für alle Projekte übergreifend betreut – schaffen und binden Sie digitales Wissen.

5. Peppen Sie ihre Standard-Vermarktungsseite bzw. ihr Vermarktungsexposé ein wenig auf: mehr Bilder und Videos zum Objekt und zur Lage, Links zu Wikipedia und anderen Internetseiten passend zum Objekt. Fügen Sie Sharingoptionen hinzu.

6. Erstellen Sie über Animoto.com ein Werbevideo als Collage aus den Fotos und Texten. Erstellen Sie drei verschiedene Varianten. Eine wird bestimmt überzeugen.

7. Lassen Sie sich eine erste, einfache Mobile App für das Objekt programmieren. Es gibt bereits zahlreiche Anbieter, von welchen Sie solche Apps monatlich mieten können.

8. Verweisen Sie in jeder Kommunikationsmaßnahme – gedruckte Dokumente, E-Mail-Signaturen, ImmobilienScout24/Immonet/Immowelt-Exposé, Soziale-Medien-Auftritte mit den entsprechenden Darstellungen (Link, QR-Code, App Icon etc.) – auf diese neuen Angebote.

9. Starten Sie eine kleine, erste Mailingaktion für diese neuen Inhalte. Fordern Sie diese Personen auf, Sie bei der neuen Art der Kommunikation zu unterstützen.

10. Werten Sie die Zugriffsstatistiken kontinuierlich aus und optimieren Sie daraufhin Ihre Inhalte und Kommunikationsmaßnahmen.

KAPITEL 2

DIGITALE ANWENDUNGEN UND IHR NUTZEN FÜR DIE IMMOBILIEN-WIRTSCHAFT

054

private E-Mail — 90,3%
Firmen-E-Mail — 89,2%
LinkedIn[1] — 63,8%
Facebook[2] — 55,1%
Twitter — 39,5%
Blogs — 22,7%
Yahoo Groups — 13,5%
Sonstige[3] — 9,7%
YouTube — 8,6%
iTunes — 8,6%
Sonstige[4] — 2,3%

[1]inkl. Gruppen und Antworten; [2]inkl. Gruppen; [3]mit Nennung; [4]ohne Nennung

062

068

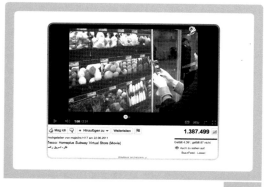

APPLE

Fakten & Zahlen

Gründungsdatum:	1. April 1976
Unternehmensbewertung:	Circa 300 Milliarden $
Anzahl Nutzer gesamt:	750 Millionen
Anzahl Nutzer Deutschland:	18,6 Millionen

Apple FaceTime

Über Apple FaceTime ist zum ersten Video-Telefonie sinnvoll und gut nutzbar. Jeder Nutzer kann von über das iPad2 oder iPhone4 direkt mit anderen Nutzern per Video-Telefonieren reden und chatten. Durch die zwei Kameras sehen die Nutzer immer den anderen Nutzer und Dinge, die

Ideal für die virtuelle Live-Besichtigung: Kunden müssen für die ersten Besichtigungen nicht mehr anreisen. Makler gehen zum Objekt und die Kunden sind über FaceTime live dabei. Sie können direkt Fragen stellen und bei einer Live-Konferenz bis zu 10 Personen zuschalten. Die Konferenz wird aufgezeichnet und danach den Kunden zur Verfügung gestellt.

077

SOZIALE MEDIEN IM UNTERNEHMENSALLTAG

„Die Traumwohnung meines Lebens", twitterte im April 2011 eine Berlinerin während einer Wohnungsbesichtigung per iPhone. Leider haben das zu viele Follower mitbekommen und sich die Wohnung selber am gleichen Tag angesehen. Gut für den Makler, schlecht für die Twitterin – sie hat die Wohnung nicht bekommen. Der Makler berichtet von nun an per Twitter und Facebook über anstehende und laufende Besichtigungstermine. Ergänzend durch Fotos und Videos werden so Besichtigungen zu einem Event und auf Twitter und Facebook entstehen gute Referenzen und positive Urteile der Besucher für den Makler. Mit negativen Einträgen kann der Makler gut umgehen, die positiven überwiegen deutlich.

Wenn ein Internetnutzer die Sozialen Medien ansteuert, dann stehen für ihn zwei Dinge im Vordergrund: kommunizieren und informieren. Es verwundert daher nicht, dass immer mehr Unternehmen den privaten Internetnutzern folgen. Ihre Marketingmaßnahmen gehen schließlich die gleichen Wege: **Kommunikation mit den Kunden und die Information über neue Marken und Produkte.**

Der Weg über Soziale Medien kann reizvoll und profitabel sein, zum Beispiel um eine attraktive Zielgruppe zu erreichen. Durch die intensivere Nutzung des Smartnets und der damit ständigen Verfügbarkeit des Internets hat sich auch die gewerbliche Nutzung von Sozialen Medien verändert. Doch sind sie nicht nur **Teil eines großen Marketingplans**, sondern auch im Kleinen bei den Mitarbeitern beliebt.

Zunächst wurden Soziale Medien primär privat genutzt, um sich mit Freunden zu vernetzen oder online Zugang zu

> Top Twitter Tips for Real Estate Agents
>
> **HTTP://WWW.REALESTA-TEMARKETINGBLOG.ORG/TOP-TWITTER-TIPS-FOR-REAL-ESTATE-AGENTS**

Informationen zu erhalten. Nachdem der Nutzen im privaten Bereich erkannt wurde, setzten die Onliner Soziale Medien auch für den Job ein. Mittlerweile vernetzen sich viele Internetnutzer nicht nur mit Freunden, sondern auch mit Kollegen oder anderen Geschäftskontakten.

Dieser Trend kann bei privaten Netzwerken beobachtet werden, aber auch die Geschäftsnetzwerke wie **LinkedIn** oder **Xing** verzeichnen bemerkenswerte Marktanteile. Darüber hinaus wächst die Bedeutung von Messengern wie Skype im Berufsleben weiter. Doch während bei **Skype** die Trennung von Beruf und Privatleben durch die Möglichkeit verschiedener Accounts noch praktikabel erscheint, ist dies bei sozialen Netzwerken schwer umzusetzen. Das Verschwimmen von privaten und beruflichen Interessen und Bereichen kann jedoch im Zuge der wachsenden Internetnutzung und -abhängigkeit nicht gänzlich vermieden werden. Mit einstellbaren Privatheitsstufen und Sicherheitseinstellungen ermöglicht **Facebook** inzwischen eine bessere Verwaltung der unterschiedlichen Kontaktniveaus. **Google+** setzt mit dem Circle-Konzept auf eine systematische Trennung von Beruf und Privatem.

Führungskräfte nutzen am intensivsten E-Mails, um mit anderen Geschäftspartnern in Kontakt zu treten. LinkedIn folgt direkt danach mit 63,8% aller Nennungen. Facebook wird immerhin noch zu mehr als 50% für Geschäftskontakte genutzt.

Auf der anderen Seite steht die rein berufliche Nutzung von Sozialen Medien innerhalb von Unternehmen, in denen Wikis, Blogs und Social Bookmarks verstärkt eingesetzt werden. Kollegen vereinfachen ihre Arbeitsabläufe, verkürzen die Kommunikationswege und strukturieren

TOPMANAGEMENT

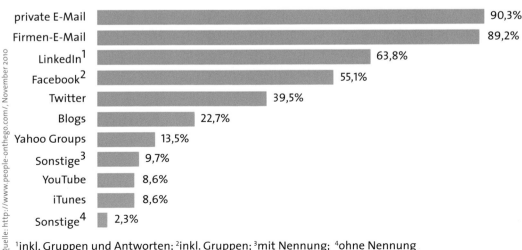

private E-Mail	90,3%
Firmen-E-Mail	89,2%
LinkedIn[1]	63,8%
Facebook[2]	55,1%
Twitter	39,5%
Blogs	22,7%
Yahoo Groups	13,5%
Sonstige[3]	9,7%
YouTube	8,6%
iTunes	8,6%
Sonstige[4]	2,3%

[1]inkl. Gruppen und Antworten; [2]inkl. Gruppen; [3]mit Nennung; [4]ohne Nennung

Quelle: http://www.people-onthego.com/, November 2010

ihre Informationen. Soziale Medien eröffnen neue Möglichkeiten in der Außenkommunikation von Unternehmen, um den Kontakt mit ihren Kunden zu halten. Bei dieser Entwicklung liegen deutsche Unternehmen im internationalen Vergleich derzeit noch im Mittelfeld. Laut einer im Juli 2009 veröffentlichen Analyse des deutschen Blog **Netzwertig**, der seit Mai 2008 über die Entwicklung der internationalen und nationalen Internet-Wirtschaft berichtet, hängt Deutschland den USA bei der Verwendung von Sozialen Medien und Blogs fünf Jahre hinterher. Unternehmen betrachten die Sozialen Medien häufig wie einen traditionellen Marketingkanal und schöpfen die angebotenen Möglichkeiten nicht aus. Und wenn die benötigten Strukturen zur erfolgreichen Nutzung fehlen, stürzt man sich mit keiner oder einer falschen Strategie ins Internet.

Als 1000 Presseverantwortliche deutscher Unternehmen im Rahmen der **Social Media Governance**, einer von der Universität Leipzig und dem Fachmagazin Pressesprecher im Frühjahr 2011 durchgeführten Studie, befragt wurden, gaben zwei Drittel an, Soziale Medien zu nutzen. Die Macher der Studie stellten jedoch fest, dass die Anwendungen unzureichend und ineffektiv seien. Viele erwarten schnelle Erfolge, doch die gibt es selten. Der Effekt ist vor allem nachhaltig: Je länger Unternehmen Soziale Medien nutzen, desto positiver wird deren Einfluss bewertet. Erst wenn Strategien entwickelt und entsprechende Strukturen angelegt sind, kann man eine positive Entwicklung beobachten. Die herausgegebenen Informationen verbreiten sich beinahe selbstständig, wenn des Unternehmen breit vernetzt ist.

Doch dieser Vorteil birgt auch eine große Gefahr in sich. Dynamiken in den Communitys können einem Unternehmen die eigene Deutungshoheit über veröffentlichte Nachrichten entziehen. Die Verbreitung von Fehlinformationen lässt sich im Nachhinein kaum rückgängig machen. Ist ein bestimmter Inhalt erst einmal im Netz, so ist er uneingeschränkt öffentlich. Darüber hinaus besteht für Kunden durch das Internet die Möglichkeit, gegen eine Marke mobil zu machen. Ein gefälschter Twitter-Account dominierte im Verlauf der Ölkatastrophe durch die explodierte BP-Bohrinsel Deepwater Horizon im April 2010 über Monate die Berichterstattung. Der Milliardenkonzern und 75.000 Nutzer lasen die satirischen Kommentare und mussten hilflos mit ansehen, wie BP durch eine einzige Person lächerlich gemacht wurde.

ALTERSSTRUKTUR

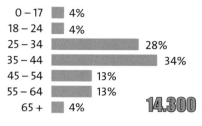

Xing.com

0 – 17	4%
18 – 24	4%
25 – 34	28%
35 – 44	34%
45 – 54	13%
55 – 64	13%
65 +	4%

14.300

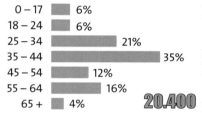

LinkedLn.com

0 – 17	6%
18 – 24	6%
25 – 34	21%
35 – 44	35%
45 – 54	12%
55 – 64	16%
65 +	4%

20.400

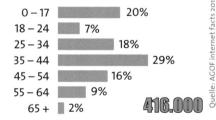

Facebook.com

0 – 17	20%
18 – 24	7%
25 – 34	18%
35 – 44	29%
45 – 54	16%
55 – 64	9%
65 +	2%

416.000

WWW.NETZWERTIG.COM

WWW. SOCIALMEDIAGOVERNANCE.EU

Quelle: AGOF internet facts 2011-08; Altersverteilung nach Plattformen; absolute Anzahl in der Altersgruppe 65+

Xing.com kommt aus Hamburg und wurde 2003 gegründet. Das Unternehmen hat über 420 Mitarbeiter (Stand Anfang 2010) und einen Umsatz von 54,3 Mio. Euro (2010). Xing.com ist eine Erfolgsgeschichte innerhalb der Internetgründungen in Deutschland. Weltweit kann es aber mit LinkedIn nicht mithalten. Der Fokus war und ist der deutsche Markt.

www.xing.com

www.linkedin.de

LinkedIn wurde ebenfalls 2003 gegründet. Der Firmensitz ist Mountain View in Kalifornien. Es ist mit über 135 Millionen Mitgliedern die derzeit größte Plattform dieser Art. LinkedIn erwirtschaftet einen Jahresumsatz von 240 Mio. $ (2010) und ist seit 2011 an der NYSE börsennotiert.

Unternehmen nutzen Soziale Medien zumeist zum **Empfehlungsmarketing**, sie setzen auf das Prinzip der **Mundpropaganda**, anstatt aktiv an Kunden heranzutreten. Auch hier gibt es Risiken, die jedoch auf das Unternehmen zurückzuführen sind. So plante die Süddeutsche Zeitung Ende 2009 eine virale Marketingkampagne und bezahlte Blogger dafür, im Mantel der Unabhängigkeit ihre iPhone-App zu empfehlen. Der Missbrauch des Empfehlungsmarketings kam ans Tageslicht und brachte der SZ einen erheblichen Imageverlust ein. Solche Betrugsfälle werden von einer aufmerksamen Community meistens aufgedeckt, der Schaden ist immens. Solche Maßnahmen zerstören die **Basis der Kundenbindung: Vertrauen**.

Bei Unternehmen sind laut der Social Media Governance Studie **Videosharing**, **Microblogging** und **Blogs** am populärsten. Der Grund dafür liegt auf der Hand: Sie sind im Vergleich zu Sozialen Netzwerken einfacher zu handhaben und scheinen auf den ersten Blick keine spezielle Strategie zu erfordern. So eignet sich beispielsweise YouTube zur Präsentation von Produkt- oder Imagevideos und Twitter zur Kundenansprache und Informationsverbreitung.

Zwar ist es richtig, dass diese Medien weniger komplex sind als Soziale Netzwerke, doch können Unternehmen durch blinden Aktionismus auch hier vieles falsch machen.

SOCIAL-MEDIA-TOOLS IN PR-ABTEILUNGEN: VIDEO-SHARING, MICROBLOGGING UND BLOGS WERDEN AM HÄUFIGSTEN GENUTZT

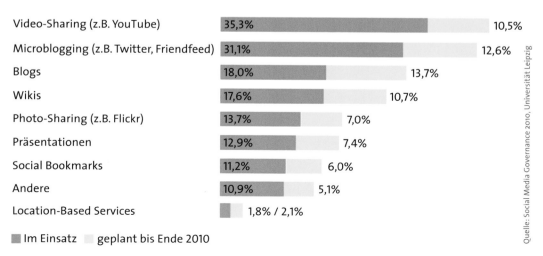

	Im Einsatz	geplant bis Ende 2010
Video-Sharing (z.B. YouTube)	35,3%	10,5%
Microblogging (z.B. Twitter, Friendfeed)	31,1%	12,6%
Blogs	18,0%	13,7%
Wikis	17,6%	10,7%
Photo-Sharing (z.B. Flickr)	13,7%	7,0%
Präsentationen	12,9%	7,4%
Social Bookmarks	11,2%	6,0%
Andere	10,9%	5,1%
Location-Based Services	1,8% / 2,1%	

■ Im Einsatz ▪ geplant bis Ende 2010

Quelle: Social Media Governance 2010, Universität Leipzig

So ist es auf Videoportalen nicht nur entscheidend, welchen Inhalt das Video hat, sondern auch, ob die Nachricht originell übermittelt wird und das Video professionell gestaltet ist. In jedem Fall sollten Videoportale nur eine Zusatzoption darstellen, weil durch sie keine wirkliche Interaktion mit den Kunden stattfinden kann.

Hierfür gibt es Blogs oder Microblogging-Dienste wie Twitter. Unternehmer sollten ihre Follower in keinem Fall mit Marketinginformationen zuspammen. Da ein Überschuss an Informationen eher schadet als nutzt, sollte die Zielgruppe vorher klar definiert sein. Gegebenenfalls können für verschiedene Zielgruppen unterschiedliche Accounts angelegt werden. Wichtig ist es, Unidirektionalität zu vermeiden und auf die Kundenmeinungen zu achten: Antworten auf Anregungen und Kritik sollten selbstverständlich sein. Auch Corporate Blogs greifen diese Idee auf. Die bloggenden Mitarbeiter individualisieren durch regelmäßige Beiträge das Unternehmensprofil.

Wenn man mit den Sozialen Medien erfolgreich sein will, ist es unvermeidlich, dafür Zeit einzuplanen. Auch Soziale Netzwerke – allen voran Facebook – spielen eine Rolle in den Marketingüberlegungen der Unternehmen. Viele Konzerne oder Marken sind über eigene Profile oder Fanseiten in der Community vertreten und verlinken sich hier mit ihren Kunden. Facebook ermöglicht es Gewerbetreibenden über **Analysetools** gezielt Zielgruppen zusammenzustellen und passende Produktempfehlungen auszusprechen. Aufgrund des generierten Nutzerwissens wäre es Immobilienportalen möglich, einem Nutzer eine Mietwohnung mit gewünschten Eigenschaften zu empfehlen.

Im Juli 2010 wurde zudem das System **Facebook Questions** eingeführt, mit dem jeder Nutzer potenziell Fragen an

Übersicht einer Facebook-Musterstatistik

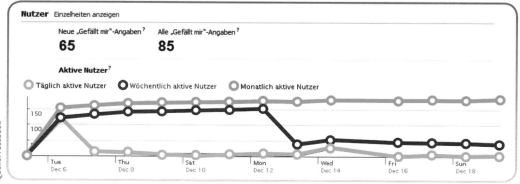

Quelle: Facebook

die gesamte Community stellen kann. Die gesammelten Daten sind für Unternehmen von großem Interesse, da sie Einblicke in das Konsumverhalten einzelner Nutzer geben. Fragen und Antworten werden nicht anonymisiert, sondern immer in Verbindung mit dem Profilnamen angegeben.

Wie bei Profilen von Privatpersonen ist es wichtig, bestimmte Verhaltensregeln einzuhalten. Dazu gehört, sich nicht aggressiv auf die Community zu stürzen, sondern sich zunächst ein auf Vertrauen basierendes Netzwerk zu schaffen. Permanente Vernetzung ist unerlässlich, um ein anerkanntes Mitglied der Gemeinschaft zu werden und von potenziellen Kunden akzeptiert zu werden. Wie wichtig ein überlegter Umgang mit dem Medium ist, zeigen die verschiedenen „Netiquette-Regeln" für Soziale Medien, die als Anleitung dienen und die Grundbedingungen für Erfolg bei Online-Marketingstrategien nennen. Ein bekanntes Beispiel sind die **Netiquette-Punkte von Stefan Swanepoel**, einem Autor zahlreicher Bücher über Soziale Medien im Business:

NETIQUETTE

1.
Gib mehr, als Du nimmst – je mehr Du als Individuum zu Diskussionen und Konversationen beiträgst, desto mehr Menschen werden Deinen Namen und Deinen Standpunkt wahrnehmen.

2.
Respektiere die Community – die Nutzer haben die Wahl, ob sie mit Dir kommunizieren wollen oder nicht.

3.
Beachte Kommentare der Nutzer – sie geben Dir ungefiltertes Feedback zu Deinen Produkten.

4.
Antworte auf die Nachrichten der Nutzer – sie geben Aufschluss auf die Meinung anderer und fördern Deine eigene Vertrauenswürdigkeit.

5.
Vernetze Dich – baue Beziehungen auf, damit ermutigst Du die Menschen, auf Deine Seite zuzugreifen.

6.
Sei authentisch und transparent – ein glaubwürdiges Profil ist erfolgsentscheidend.

7.
Sei keine Nervensäge – Spammen schafft kein produktives Netzwerk.

8.
Kollaboriere – Du bist Teil einer Gruppe, also trage zur Wertverbesserung und der Qualität der Inhalte bei.

9.
Beachte die Möglichkeiten des „Long Tail" – Konzentriere Dich nicht auf die hochfrequentierten Inhalte, sondern ziehe auch als minderwertig geltende Nischenbereiche in Betracht.

Cloud Computing

Die Wolke von Amazon entstand an Weihnachten. Weil der Shopping-Riese an diesen Tagen zehnmal so viele Seitengriffe aufwies wie normalerweise, legte man sich die nötigen Speicherkapazitäten zu – die das restliche Jahr ungenutzt blieben. Dann fingen Mitarbeiter damit an, ihre Projektdateien auf diesen ungenutzten Servern zu speichern, um jederzeit darauf zugreifen zu können: das Cloud Computing von Amazon war geboren.

Jeder Computernutzer kennt das Problem: Man hat eine Datei auf dem heimischen PC bearbeitet und möchte unterwegs mit dem Laptop weiterarbeiten, hat aber nur die veraltete Version auf der Festplatte. So etwas können Internetnutzer seit einiger Zeit dank des Smartnets umgehen. Die Lösung hierfür heißt Cloud Computing. Die Dateien werden über das Internet an einen externen Speicherplatz geschickt; „in die Wolke", die überall und jederzeit einsehbar ist.

HTTP://DE.WIKIPEDIA.ORG/ WIKI/CLOUD_COMPUTING

Die Technologie des Cloud Computings wird von Internetexperten als richtungweisend angesehen. Sie gehen davon aus, dass wir in 20 Jahren großteils „in der Wolke" leben werden anstatt auf dem eigenen Desktop. Denn sobald man schon mehr als ein Gerät mit Internetzugang besitzt, frisst die Synchronisation von Daten nicht nur Zeit, sondern auch Aufwand und Speicherplatz.

Cloud Services wie **Google Docs** oder **Dropbox** sind bei einer ganzen Bandbreite von Unternehmen angekommen, nicht nur bei IT-Firmen. Sie werden aufgrund ihrer Effizienz hauptsächlich bei der Projektarbeit genutzt: Ein Teammitglied erstellt eine Datei und kann sie von nun an gemeinsam mit seinem Team bearbeiten. Wenn einer der Kollegen darauf zugreift, erhält er immer die aktuellste

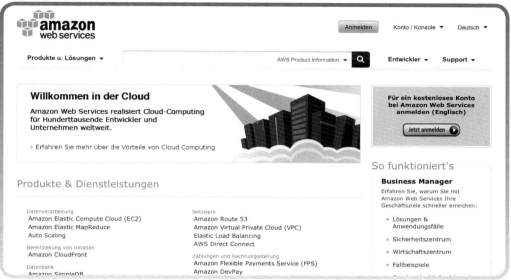

Quelle: http://aws.amazon.com

Fassung, alle arbeiten am selben Stand. Vorherige Versionen werden dokumentiert und sicherheitshalber gespeichert. Die Daten sind auf einem Internetserver gelagert, können also unabhängig von Ort und Uhrzeit aufgerufen werden. Global agierende Unternehmen verkürzen so ihre Kommunikationswege erheblich.

Die meisten Cloud Services bieten theoretisch unbegrenzten Platz und sind vor Datenverlusten besser geschützt als herkömmliche Speichermedien, da die hinterlegten Dateien nicht nur auf einem PC, sondern auf vielen gespeichert werden.

Das Smartnet ist einer der Hauptgründe, weswegen Cloud Computing immer beliebter wird – schließlich löst die Wolke einen Grundkonflikt der Computernutzung: fortschreitende Mobilität mit verschiedenen Geräten auf der einen Seite, der Transfer von ständig wachsenden Datenmengen auf der anderen.

Aber lassen Sie uns konkret werden. Nachfolgend erhalten Sie 10 immoliennahe und nützliche Cloud Services und erfahren, wie Sie diese für ihre Arbeit sinnvoll einsetzen können.

CLOUD SERVICE S3 VON AMAZON

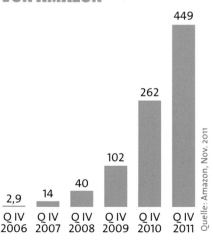

Der Cloud Service S3 von Amazon verwaltet im vierten Quartal 2011 circa 449 Milliarden Objekte und verarbeitet bis zu 290.000 Anfragen pro Sekunde.

http://www.google.com/apps/intl/en/business/index.html

Google Apps for Business heißen die webbasierten Geschäftsanwendungen von Google für Messaging und Zusammenarbeit. Unternehmen benötigen keine eigene Hardware. Alle Anwendungen laufen online auf den Cloud-Servern von Google und sind über alle Mitarbeiter hinweg miteinander vernetzt.

Zu dem Paket gehören folgende Apps:

- E-Mail, Messaging, Telefon und Videoanrufe
- Planung von Besprechungen und Projekten über Google Calendar
- Dokumente erstellen und mit Kollegen bearbeiten über Google Docs
- Mobile Versionen aller Anwendungen

Der Dienst kostet im Jahr 40 Euro pro Mitarbeiter.

Cloud Services

Cloud Service	Funktion	Nutzen für Immobilienmanager
Google Apps for Business	Cloudbasiertes „Office"-System inkl. Dokumentenerstellung und -bearbeitung und E-Mail-Kommunikation	Günstige und gute Alternative zu Microsoft-Office-Produkten kombiniert mit den normalen Funktionen von Google
iCloud von Apple	iCloud sichert automatisch alle Inhalte auf PCs und Smartphones zentral in der Cloud und macht sie dem Nutzer jederzeit und auf allen Geräten zugänglich.	Zentrale Verwaltung aller Dokumente und mobile Abrufbereitschaft
Basecamp	Online-Projektmanagement in Gruppen	Einfache und Online-Mobile-basierte Steuerung von Projekten und Mitarbeitergruppen
Amazon EC2/S3	Cloudbasierter Serverplatz	Hohe Zugriffszahlen von Online-Seiten und App-Anwendungen über einen zentralen Cloud-Service
SugarCRM	Kundenmanagement-software	Zentrale Verwaltung von Kundendaten inkl. Historie und Anforderungsprofilen
Cloud CMA	Online-Service für die Erstellung und Verteilung von Immobilien-, Lage- und Marktberichten	Dienst mit Fokus auf die Immobilienwirtschaft
Docusign	Verifizierte Online-Signatur von Verträgen	Verifizierte Online-Signatur von Vermarktungsaufträgen und Kundenverträgen
Cartavi	Virtueller Datenraum mit Sharing-Funktionen	Diskrete oder offene Verteilung von Immobiliendokumenten
Cloud Immobiliensoftware (ImmobilienScout24, Immonet)	Online Immobilien-Software	Zentrale und mobile Verwaltung von Kunden und Immobilien inkl. Schnittstellen zu den Vermarktungsportalen der Anbieter

STANDORTBEZOGENE DIENSTE

Vor allem die Deutschen mögen Kostenloses, zum Beispiel beim Coffee Shop um die Ecke: Zehn Stempel auf der Bonuskarte und der nächste Kaffee ist umsonst. Mittlerweile liegt das Bonuskärtchen nicht mehr abgegriffen im Geldbeutel, sondern auf dem Smartphone, der Stempel wird zum „Check-in". Der Laden merkt sich das, Soziale Netzwerke vergleichen Besuche im Freundeskreis: Wer am häufigsten in einem Laden eincheckt, darf sich von seinen Freunden Bürgermeister nennen lassen – und kriegt möglicherweise noch mehr umsonst.

Klassische Navigationsgeräte werden schon heute von Smartphones ersetzt. Sie bieten dank GPS-Modulen und Smartnet nicht nur Antworten auf die klassischen Fragen „Wo bin ich?" und „Wie komme ich an mein Ziel?". Besitzer von Smartphones können sich Einrichtungen in der näheren Umgebung anzeigen lassen, diese ihren Freunden empfehlen und bewerten.

Standortbezogene Dienste (Location-Based Services, LBS) sind Smartnet-Dienste, die den Standort des Nutzers erkennen. Abhängig davon liefern sie die gewünschten Informationen. Manche Dienste muss der Nutzer aktiv anfordern, beispielsweise wenn er auf der Suche nach dem nächsten Restaurant ist. Andere werden durch Ereignisse ausgelöst – besorgte Eltern können eine Nachricht erhalten, wenn das Smartphone ihres Kindes eine definierte Zone verlässt. Standortbezogene Dienste wie das amerikanische Start-up **Foursquare** sind zumeist mit Sozialen Netzwerken verknüpft, um Freunden mitteilen zu können, wo man sich aufhält. Bekannt wurde diese Möglichkeit jedoch erst durch **Facebook Places**. Bei 150 Millionen mobilen Nutzern hat Facebook das, was den Start-ups fehlte: eine extrem breite Nutzerbasis.

63 Millionen Nutzer benutzten **LBS** im Jahr 2009, 2012 werden es über 450 Millionen sein. 95% aller Smartphones nutzen LBS.

HTTP://MASHABLE.COM
Nov. 2011

www.foursquare.com

Auch die Wirtschaft hat das Potenzial solcher Dienste erkannt. Unternehmen, die über Facebook gut vernetzt sind,
können eine große Kundenzahl erreichen. Mit dem Bereich
des **Mobile Commerce** (M-Commerce) gibt es ein Konzept,
das dem Nutzer anhand seines Standortes maßgeschneiderte Werbung anzeigt. Auch Geschäfte locken mithilfe
von Rabattangeboten und Sonderaktionen Smartnet-User
an.

Alle großen Immobilienportale, zum Beispiel Immobilien-
Scout24 und Immonet, oder größere Maklerunternehmen
bieten für ihre Kunden und Nutzer kostenlose Immobilien-
such-Apps mit LBS-Funktionen an. Das Handy erkennt, wo
sich der Nutzer befindet, und zeigt nur die Immobilien an,
die in der näheren Umgebung liegen. Direkt von seinem
Standort aus kann der Nutzer die Immobilien erkunden
und direkt über sein Handy Kontakt zum Anbieter aufnehmen.

Makler und Anbiete können die Services aber nur nutzen,
wenn sie Kunden (als Anbieter) dieses Portals sind. Die Er-
fassung in diesen Services erfolgt dann automatisch. Die
größten unabhängigen Check-in-Dienste sind **Foursquare**
und **Gowalla**. Sie bieten vor allem für Immobilienunternehmen im Bereich Einzelhandel spannende Ansätze. So
können gezielt Shoppingcenter und die dort ansässigen
Geschäfte über diese Dienste vermarket werden. „Ich bin
gerade Schuhe kaufen. Check in. Wer kommt mit?" Schon
erfahren alle Freunde und Freundesfreunde, wo die Kun-
din einkauft. Ein anderer spannender Dienst ist **Shallibuy.
it**. Über eine App können Nutzer sagen, was und wo sie
kaufen wollen, und direkt über das Handy Rat einholen.

WELTWEITE WERBEEINNAHMEN MIT STANDORTORTBEZOGE- NEN ANZEIGEN

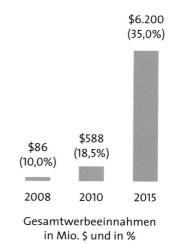

Gesamtwerbeeinnahmen
in Mio. $ und in %

Quelle: Pyramid Research, „Location-Based Services: Market
Forecast 2011–2015" as cited in press release, June 21, 2011

65

Immonet
http://itunes.apple.com/de/app/immonet.de/id394618916

Dank Funktionen wie Augmented Reality und dem Sonnenfinder wird Ihre Immobiliensuche mit der iPhone App von Immonet zum virtuellen Spaziergang – im wahrsten Sinne
des Wortes.

ImmobilienScout 24
http://itunes.apple.com/de/app/
immoscout24/id344176018

Immowelt
http://itunes.apple.com/de/app/
immowelt.de/id354119842

ERWEITERTE REALITÄT

Sie stehen zusammen mit ihrem potenziellen Käufer vor einem Neubauprojekt oder einer Baulücke. Sie starten Ihre Augmented Reality App auf ihrem iPad und geben es Ihrem Kunden. Er schaut auf das Display, und vor seinem Auge baut sich in der Baulücke das Townhouse virtuell in der Realität auf. Er berührt den Eingang seines Hauses, und schon steht er in seinem neuen Haus. Das Haus ist noch leer. Kein Problem. Mit einer weiteren Berührung kann er seine Wandfarbe, seinen Boden und seine Einrichtung auswählen. Nicht vergessen: Sie stehen immer noch vor der Baulücke. Wäre Ihr Kunde da nicht begeistert, und hätten Sie den Vertrag nicht fast schon sicher in der Tasche?

Eine **erweiterte Realität (Augmented Reality)** klang vor wenigen Jahren noch nach ferner Zukunftsmusik, mittlerweile kann sie jeder in der Hosentasche tragen. Im Gegensatz zur virtuellen Realität eines Computerspiels, die gänzlich simuliert wird, ergänzt die Augmented Reality die reale Welt um virtuelle Daten. Das Smartnet holt uns das Internet in die Realität. Informationen werden dann und dort abgerufen, wann und wo sie relevant sind. Dank Kamera, GPS-Sensoren, Internetzugang und Rechner zaubert uns das Smartphone Informationen über Dinge, die wir anpeilen, auf den Bildschirm. Jedes Objekt ist ein potenzieller Hyperlink, die ganze Welt wird zum digitalen Suchraum. Das Internet wird zum „Outernet".

Sportsendungen verwenden die Augmented Reality schon, indem bei einem Freistoß die Tordistanz oder beim Skispringen die Bestweite eingeblendet wird. Für Smart-

In einem Kaufhaus in Tokio steht der „Digital Cosmetic Mirror" des japanischen Kosmetiklabels Shiseido. Wenn sich eine Person vor die Kombination aus Touchscreen und Videokamera stellt, werden Gesichtsmerkmale wie Teint, Augenfarbe und Tönung der Haare untersucht, das Programm empfiehlt dann Make-up in den passenden Farben. Einmal darauf gedrückt und man kann das Ergebnis auf dem Bildschirm bewundern – ohne die Schminke jemals im Gesicht gehabt zu haben.

Tesco geht in Südkorea noch einen Schritt weiter. Über virtuelle Läden in der U-Bahn kann man mithilfe von QR-Codes über das Handy den Einkaufswagen füllen. Wie beim normalen Online-Shopping werden die bestellten Lebensmittel zeitnah nach Hause geliefert. Tesco konnte die Online-Umsätze innerhalb von wenigen Monaten um 130% steigern – durch dieses neue Geschäftsmodell. In Deutschland undenkbar? Wie werden sehen.

phones wurden in Verbindung mit standortspezifischen Diensten weitere Anwendungen entwickelt: So zeigt der Bildschirm anhand von Koordinaten und Neigungssensoren Informationen zu einem Gebäude an, das der Nutzer mit der Kamera anvisiert. Zwar sind solche Daten derzeit noch spärlich gesät, die Nachfrage der wachsenden Nutzergruppe wird dies jedoch schnell ändern.

Die Weiterentwicklung der Augmented Reality ermöglicht es, sich nur die benötigten Informationen anzeigen zu lassen anstatt alle verfügbaren. Der Nutzer kann sich dann entscheiden, ob er Informationen zu Sehenswürdigkeiten, dem gastronomischen Angebot oder dem Wohnungsmarkt auf den Bildschirm ruft. Programme wie **Layar** verbessern die Darstellung von Daten, etwa geplante Bauprojekte, die schon fertiggestellt auf dem iPhone zu sehen sind. Auch für PR-Agenturen bieten sich bisher undenkbare Werbeflächen, beispielsweise wenn virtuelle Außenwerbung auf ganzen Häuserfassaden oder am Himmel angebracht werden kann.

Auch Soziale Medien verbinden ihre Dienste mit der Augmented Reality: Die App **TweepsAround** zeigt aktive Nutzer von Twitter in der näheren Umgebung an. Soziale Netzwerke können die mittlerweile ausgereifte Bilderkennung nutzen, um das Profil des Gegenübers anzuzeigen. Dies wird jedoch aus Datenschutzgründen zurückgehalten.

Jedes Objekt kann theoretisch mehrfach mit Informationen verlinkt werden. Derzeit ist die Datendichte noch eingeschränkt – die Nachfrage der ständig wachsenden Community und vor allem kommerzielle Interessen werden aber dafür sorgen, dass dies nicht so bleibt. Schließlich versprechen die Bereiche, in denen der normale Smartphone-Nutzer die erweiterte Realität vor allem benutzen wird, für starke Umsätze: Marketing, Tourismus, Entertainment und Real Estate. Die App von **Immonet** etwa nutzt die Augmented Reality schon, um dem Nutzer Objekte in seiner Nähe mit Fotos, Informationen und Kontaktdaten anzuzeigen

Für die Immobilienbranche erschöpfen sich die Möglichkeiten jedoch nicht mit der einfachen Suche nach Objekten. **Die Augmented Reality spielt schließlich erst bei einer Besichtigung vor Ort ihre wahre Stärke aus**: Wie sah das Gebäude vor 50 Jahren aus, wie wird die Nachbarschaft in fünf Jahren aussehen? Makler treffen ihre Kunden auf einem leeren Baugrundstück und zeigen das Haus

AUGMENTED REALITY BROWSER

http://itunes.apple.com/us/app/ wikitude-augmented-reality/id329731243

GOLFSCAPE GPS RANGEFINDER

http://itunes.apple.com/us/app/ golfscape-gps-rangefinder/id382051762

BERGFÜHRER

http://itunes.apple.com/us/app/ peak.ar/id331448290

INFORMATIONEN ÜBER LAGEN

http://itunes.apple.com/us/app/ localscope/id409869453

METRO APP

http://itunes.apple.com/us/app/ metro-ar-pro/id363494443

so auf ihrem iPad, als ob es direkt vor einem stehen würde. Das Wohnzimmer einer Eigentumswohnung richtet ein Innenarchitekt virtuell ein, der Makler passt es bei der Besichtigung gleich den Wünschen der Kunden an und bestellt die nötigen Möbel auf Knopfdruck. Jeder Anbieter und Makler kann bereits heute ohne hohe Kosten eigene Anwendungen erstellen und am Markt testen. Das Unternehmen Layar bietet hierfür eine kostenlose Plattform an. So gibt es bereits zahlreiche AR-Apps von kleinen und großen Immobilienunternehmen auf dieser Basis. Versuchen Sie es einfach.

Doch nicht nur die Anwendungen werden erweitert, auch die mobilen Endgeräte ändern sich. Statt eines Smartphones werden schon heute Datenbrillen verkauft, die allerdings aufgrund ihres futuristischen Designs und des hohen Preises wenig verbreitet sind. Amerikanische Blogs gehen davon aus, dass durch eine „Killer-App" für Smartphones, welche die Möglichkeiten der Augmented Reality in innovativer Weise ausnutzt, auch die Akzeptanz für diese zunehmen wird. Dann wären sogar Kontaktlinsen zur Wahrnehmung der Augmented Reality denkbar.

Mobile Endgeräte

Dan Woolley überlebte das Erdbeben in Haiti nur dank seines iPhones. Der Amerikaner besuchte das Land im Januar 2010, um einen Film über die dortige Armut zu drehen, als ihn das Erdbeben im Hotel überraschte. Verletzt konnte er sich in einen Fahrstuhlschacht retten. Hier benutzte er eine Erste-Hilfe-App, um seine Kopfwunde und einen Knochenbruch am Bein richtig zu versorgen. Die App riet ihm außerdem, sich alle 20 Minuten einen Wecker zu stellen, falls er unter Schock einschlafen sollte. Er schrieb Gebete in ein kleines Notizbuch, um sich wach zu halten und wurde – nach über 60 Stunden – von Hilfskräften gerettet.

Geschichten wie diese wären ohne die Weiterentwicklung der mobilen Endgeräte nicht denkbar. Im Jahr 1983 wog ein Motorola-Handy noch fast ein Kilogramm und kostete 4000 Dollar. Ein heutiges Smartphone wiegt nur knapp über 100 Gramm, der Preis ist ebenso sehr geschrumpft. Für den Außenstehenden mag es befremdlich sein, dass Apple jährlich neue Versionen des **iPhone**s auf den Markt bringt. Doch die ständigen Aktualisierungen bewirken einen großen Innovationsdruck bei anderen Smartphone-Entwicklern. Apple achtet als Marktführer in der Unterhaltungselektronik darauf, bei den App-Programmierern den Ehrgeiz zu wecken. Es entsteht ein Konkurrenzkampf der neuen Technologien und Anwendungen – von dem letztendlich der Verbraucher profitiert. Zwar sind entscheidende Innovationen wie Multi-Touch-Systeme und benutzerfreundliche Menüs auf das iPhone zurückzuführen, Apples Vorherrschaft bei der Smartnet-Hardware ist jedoch nicht in Stein gemeißelt: Die Abgeschlossenheit des Betriebs-

HTTP://DE.WIKIPEDIA.ORG/
WIKI/MOBILFUNK

systems iOS und die mangelnde Kompatibilität der Apple-Produkte gibt der Konkurrenz Auftrieb. Mit dem iPad konnte Apple zwar nahtlos an den Erfolg des iPhones anknüpfen und einen Nischenmarkt im Hochpreissegment neu beflügeln, andere Entwickler befinden sich jedoch in Lauerstellung.

Der durchschlagende Erfolg von Smartphone und Tablet-Computer verändert auch das Verhältnis zu traditionellen Medien wie Print und Rundfunk. Allein die Nutzung von mobilen Telefonen hat sich in den letzten Jahren grundlegend geändert: Wurden sie früher hauptsächlich zum Telefonieren und Verschicken von SMS genutzt, stehen heute andere Funktionen wie Kalender, Smartnet, Spiele oder Musik im Vordergrund. Smartnet-Nutzer sind permanent erreichbar – mit den bekannten Folgen: Der Anwendungsbereich weitet sich von der Freizeitnutzung in den Geschäftsbereich aus.

Anbieter von Dienstleistungen, wie zum Beispiel Makler, erkennen mittlerweile den Nutzen von mobilen Endgeräten wie dem **iPad**. Kreative Arbeitsprozesse erledigt man unterwegs, sperrige Laptoptaschen werden überflüssig. Der Makler erstellt, bearbeitet und versendet Exposés flexibel von der Wohnung aus und kann mithilfe von Videotelefonie **Kunden die Wohnung direkt per Livestream zeigen**. Über Soziale Netzwerke, Microblogging oder Corporate Blogs hält der Makler den Kontakt zu seinen Kunden und baut das Firmennetzwerk weiter aus. Tablet-Computer füllen eine Lücke, die sich zwischen den Möglichkeiten eines Laptops und der Mobilität eines Smartphones auftat – sie sind handliche und leistungsfähige Präsentationsgeräte. Makler können ihren Kunden vor Ort Grundrisse oder Konzepte zur Inneneinrichtung zeigen, Videos präsentieren und Zusatzinformationen aus dem Internet abrufen. Auch die Innovationen des Smartnets sind verfügbar: Standortspezifische Dienste durchsuchen die Umgebung der Immobilie nach gefragten Einrichtungen, Cloud Computing bietet allen Mitarbeitern die Präsentationen auf dem neusten Stand.

Der Erfolg der Smartphones ist gleichzeitig eine Erfolgsgeschichte der Anwendungen (Applications, Apps). Die ersten waren auf Handys vorinstallierte Programme wie zum

Beispiel der Wecker oder kleine Spiele. Im Laufe der Entwicklung konnte man Handys zwar mit Apps erweitern, doch den Durchbruch schafften die kleinen Programme erst mit dem AppStore von Apple. Für Programmierer mit innovativen Ideen öffnete sich ein neuer Absatzmarkt. Andere Smartphone-Entwickler greifen diese Idee auf und bieten „mobile stores" für ihre eigenen Betriebssysteme an, in denen man – nach dem Vorbild des AppStores – sowohl kostenlose als auch zahlungspflichtige Anwendungen herunterladen kann.

Das Smartphone entwickelte sich für den Benutzer zu einem Schweizer Taschenmesser, das für beinahe jede Situation ein Werkzeug parat hat: Etwa wenn man in einer fremden Stadt eine Adresse sucht, ein Kochrezept benötigt oder sich die Zeit während einer U-Bahnfahrt mit einem Spiel vertreiben möchte. In Deutschland scheint die Verbreitung von Apps noch unterentwickelt zu sein, zu diesem Schluss kommt zumindest die Onlinestudie von ARD/ZDF im Jahre 2011. Die Entwicklung in Ländern wie den USA zeigt aber, dass sich dies in den nächsten Jahren ändern wird.

Suchmaschinen für Apps
HTTP://DISCOVR.INFO
HTTP://APPS.SEARCH.YAHOO.COM
HTTP://WWW.QUIXEY.COM

Doch worauf sollte ein Unternehmen achten, das eine eigene App veröffentlicht? Schließlich steckt ein nicht unerheblicher Programmier- und Geldaufwand hinter der Entwicklung. **Nützlichkeit oder Unterhaltungswert, eine App sollte mindestens eines von beiden leisten**. Reproduziert die App bloß den Inhalt einer Website, reagiert zum einen die Community kritisch, zum anderen wird die App zum Ladenhüter. Ein durchdachtes Konzept und die Nutzung der innovativen Smartphone-Techniken sollten für Apps selbstverständlich sein. Die beliebtesten von ihnen werden durch ein hohes Ranking zusätzlich beworben, das Image von Firma und Produkt kann sich dadurch erheblich verbessern. So bietet **ImmobilienScout24** mit seiner App eine handliche Suchfunktion, die auch den Standort des Benutzers einbezieht. Das Resultat: Im Bereich „Navigation" steht die App auf den vorderen Plätze des AppStores – und so schafft das Unternehmen einen neuen Kanal, um seine Kunden an sich zu binden.

Stand Oktober 2010 gibt es für die verschiedenen Betriebssysteme rund 650.000 Apps. Für nahezu jede erdenkliche

VERTEILUNG APPS NACH NUTZUNGSARTEN

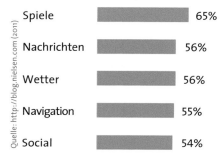

Quelle: http://blog.nielsen.com (2011)

Spiele	65%
Nachrichten	56%
Wetter	56%
Navigation	55%
Social	54%

Tätigkeit existiert eine passende Anwendung, auch Nischen werden zunehmend abgedeckt. Die Marktforscher von **Nielsen Wire** untersuchten, welche Arten von Apps regelmäßig genutzt werden. Die beliebtesten sind Spiele (65%), gefolgt von Nachrichten und dem Wetter (56%) und Navigationsanwendungen (55%) sowie dem Social Networking (54%).

Zwei Drittel der Smartphone-Besitzer nutzen regelmäßig Apps, wenngleich größtenteils solche, die kostenlos verfügbar sind (82%). Wenn ein Nutzer erst einmal begonnen hat, Apps zu verwenden, kommen schnell weitere hinzu. Lediglich einer von fünf besitzt weniger als fünf Apps. Insgesamt 45,3% der Nutzer verfügen über 20, und davon 26,5% – also mehr als jeder Vierte – sogar über 40 Apps oder mehr.

Primärer Antriebsmotor dieser Apps und der Verteilung von Smartphones im Allgemeinen ist zweifellos **Apple**, das mit der Entwicklung und ständigen Verbesserung des iPhone den Markt stark beeinflusste. Zahlen aus dem April 2011 weisen das Betriebssystem von Apple, das **iOS**, sowie die Apps aus dem Apple-eigenen AppStore noch mit ca. 40% Marktanteil als klaren Marktführer aus. Doch die anderen Anbieter haben kontinuierlich aufgeholt. Neben **Nokia**s etwas auf Abstand verweilendem **OS Symbian** (ca. 23%) ist es besonders **Google**s **OS Android**, das den Markt von hinten aufzurollen scheint. Im April 2011 rangierte der Marktanteil des Betriebssystems samt der Android-Apps mit knapp 25% noch hinter Apple. Doch zu diesem Zeitpunkt befanden sich „erst" 30.000 Apps im Android-Store. Zahlen und Marktanalysen vom August 2011 belegen – bis hierhin hat sich die Zahl der Apps bereits auf 70.000 mehr als verdoppelt –, dass Googles Android erstmals Apples iPhone übertraf. **Blackberry**s im amerikanischen Businessbereich noch weit verbreitetes **OS RIM** bleibt im Vergleich erstaunlich weit zurück (ca. 6%). Hier hat man wohl verpasst, auf den schnellen Zug der App-Entwicklungen aufzuspringen und die Sparte zum eigenen Nachteil sehr vernachlässigt.

DIE BESTEN APPS FÜR DIE IMMOBILIENBRANCHE

Nachfolgend finden Sie die aus Sicht des Autors besten und nützlichsten App für den Immobilienmanager. Machen Sie sich aber auch selber auf die Suche. Nutzen Sie dazu die hervorragende App-Such-App „Discovr Apps". Sie werden nicht mehr aufhören wollen.

App	Funktion und Link
Prezi	Präsentationssoftware http://itunes.apple.com/us/app/prezi-viewer/id407759942
Keynote	Präsentationsoftware von Apple http://itunes.apple.com/us/app/keynote/id361285480
360 Panorama	360 Panorama – ganz einfach 360-Grad-Panoramaaufnahmen von seiner Umgebung machen http://itunes.apple.com/us/app/360-panorama/id377342622
Open Home Pro	Verwaltungssoftware für Immobilien-Listings http://itunes.apple.com/us/app/open-home-pro-a-must-have/id390073215
Localmind	Über Localmind können andere Personen via Live-Chat gefragt werden, wie gut eine Location bewertet wird, z.B. wie gut die Bar ist etc. http://itunes.apple.com/de/app/localmind/id422776889
Immonet	App von Immonet http://itunes.apple.com/de/app/immonet.de/id394618916
Immoscout	App von ImmobilienScout24 http://itunes.apple.com/de/app/immoscout24/id344176018
House Hunter	Hilfs-App für den Immobilienkauf http://itunes.apple.com/us/app/house-hunter/id445304335
Realtor.com	Mobiles Immobilienportal, das regional Objekte anbietet und detailliert zeigt http://itunes.apple.com/us/app/real-estate-search/id336698281
Evernote	Erstellen von Text-, Foto- und Tonnotizen http://www.apple.com/webapps/productivity/evernote.html

App	Funktion und Link
Quicklytics	Quicklytics gibt grafisch Statistiken wieder, wie viele User eine Website besucht haben. http://itunes.apple.com/de/app/quicklytics-google-analytics/id354890919?mt=8
Slydial	Slydial leitet direkt auf die Mailbox des Empfängers um. http://itunes.apple.com/de/app/slydial/id295767899?mt=8
Magicplan	Erstellt anhand von Fotos interaktive Baupläne von Gebäuden. http://itunes.apple.com/de/app/magicplan/id427424432?mt=8
Glympse	App, um Standorte zu speichern und zu „teilen" http://itunes.apple.com/de/app/glympse-location-sharing-made/id330316698?mt=8
Adobe Ideas	Digitaler Zeichenblock, um Ideen und Designs festzuhalten – angelehnt an Adobe Photoshop http://itunes.apple.com/de/app/adobe-ideas/id364617858?mt=8
Qwiki	Multimediale Suchmaschine http://itunes.apple.com/de/app/qwiki/id373717412?mt=8
Flipboard	Flipboard ermöglicht einen Überblick über Facebook, Twitter, LinkedIn und ähnlichen Social-Media-Plattformen vereint in einem Magazin. http://itunes.apple.com/de/app/flipboard/id358801284?mt=8
iMockups	Eine App, mit der Ideen und Designs festgehalten werden können http://itunes.apple.com/de/app/imockups-for-ipad/id364885913?mt=8
Twitter	Durchsuche Interessen, finde & folge Freunden, twittere, teile private Nachrichten mit deinen Followern, teile Fotos. http://itunes.apple.com/us/app/twitter/id333903271?mt=8&ign-mpt=uo%3D2
Facebook	Social Media App http://itunes.apple.com/de/app/facebook/id284882215?mt=8
Discovr Apps	Tool, um weiter iPhone/iPad Apps zu entdecken. http://itunes.apple.com/de/app/discovr-apps-discover-new/id440101665

DIGITALE UNTERNEHMEN

DIE MARKTFÜHRER

Nachfolgend finden Sie ausgewählte Digitale Unternehmen, die für Sie als Immobilienunternehmen relevant für die Vermarktung sind.

APPLE
Fakten & Zahlen

Gründungsdatum:	1. April 1976
Unternehmensbewertung:	Circa 300 Milliarden $
Anzahl Nutzer gesamt:	750 Millionen
Anzahl Nutzer Deutschland:	18,6 Millionen

Apple FaceTime

Über Apple FaceTime ist zum ersten Video-Telefonie sinnvoll und gut nutzbar. Jeder Nutzer kann von über das iPad2 oder iPhone4 direkt mit anderen Nutzern per Video-Telefonieren reden und chatten. Durch die zwei Kameras sehen die Nutzer immer den anderen Nutzer und Dinge, die Sie dem „Gegenüber" zeigen wollen.

Ideal für die virtuelle Live-Besichtigung: Kunden müssen für die ersten Besichtigungen nicht mehr anreisen. Makler gehen zum Objekt und die Kunden sind über FaceTime live dabei. Sie können direkt Fragen stellen und bei einer Live-Konferenz bis zu 10 Personen zuschalten. Die Konferenz wird aufgezeichnet und danach den Kunden zur Verfügung gestellt.

FACEBOOK
Fakten & Zahlen

Gründungsdatum:	4. Februar 2004
Unternehmensbewertung:	Circa 20 Milliarden $
Anzahl Nutzer gesamt:	750 Millionen
Anzahl Nutzer Deutschland:	18,6 Millionen

Facebooks „Mobile mobile Strategie"

Facebook hat die Reichweite des Smartnets schon früh erkannt und sich rechtzeitig mit einer praktischen App auf dem Markt platziert. Auch deshalb ist die App für das iPhone die erfolgreichste App im iTunes Store. Über 250 Millionen Nutzer nutzen Facebook über ihr Handy oder Smartphone. Aktuell arbeitet Facebook an einer eigenen iPad App. Diese App soll über Innovationen wie Standortbezogene Dienste, die Darstellung einer Erweiterten Realität und Präsentationstools verfügen.

Über die mobilen Apps können Nutzer unterwegs ihre Freunde und Freundesfreunde nach Tipps und Ratschlägen fragen. Zum Beispiel, ob sie die Wohnung und die Lage mögen oder ob sie Empfehlungen für einen andere Wohnung oder Lage geben können. Auf dem iPad können Immobilien über hochauflösenden Fotos oder Videos vorgestellt werden.

Facebook „Like-Button"

Über den Like-Button können Nutzer ihren Freunden und Freundesfreunden mitteilen, wenn sie eine Seite oder ein Produkt interessant finden. Auch Unternehmen kommen mittlerweile um den Einsatz des Like-Buttons auf ihrer Website nicht herum, wenn sie ihren Kunden die Möglichkeit geben wollen, Inhalte direkt zu empfehlen und als Fan auf dem neuesten Stand zu bleiben.

Richtig eingesetzt und beworben kann der Like-Button Nutzer von Facebook auf den eigenen Internetauftritt ziehen und die aktiven Nutzern zu Fans machen. Vor allem für die Bewerbung von Immobili-

en und die Etablierung der eigenen Marke eignet sich der Like-Button.

Facebook „Connect"

Facebook Connect ermöglicht es den Nutzern, sich bequem mit ihrem Facebook-Account auf externen Seiten einzuloggen, eine zusätzliche Registrierung ist nicht mehr nötig. Diese Funktion ermuntert Nutzer zum einen, sich mit Kommentaren zu beteiligen, zum anderen werden Aktivitäten auf externen Seiten auch in Facebook angezeigt, so dass Freunde darauf aufmerksam werden können. Es ist zudem möglich, Inhalte wie das Profil, Fotos und Kommentare mitzunehmen.

Durch die Integration von Facebook Connect können Immobilienunternehmen Besucher direkt an ihrer Website teilnehmen lassen, diese bewerben und gleichzeitig mehr über die interessierte Zielgruppe erfahren.

Facebook „Social F-Commerce"

Immer mehr Anbieter richten ihre Online-Shops direkt auf Facebook anstatt auf Amazon ein. Über zahlreiche App-Anbieter ist das schnell und kostengünstig möglich, in wenigen Minuten ist ein Shop fertig. Über die bekannten Funktionen wie Sharing oder Like-Button können ganze Zielgruppen erreicht werden. Ergänzende Apps wie Coupons, Video-Werbung und Fan-Pages erleichtern den Verkauf.

F-Commerce ist vor allem bei Kooperationen mit immobiliennahen Angeboten wie Inneneinrichtung interessant.

GOOGLE
Fakten & Zahlen

Gründungsdatum:	4. September 1998
Unternehmensbewertung:	Circa 111 Milliarden $
Marktanteil (Suchmaschinen):	
Weltweit:	77%
Deutschland:	91%

Google Maps, Earth, Street View

Mit Google Maps, einer interaktiven Land-karte, brachte Google die reale Welt ins Internet, die Erweiterung Google Earth ergänzte die Karte mit den Satellitenbildern der ganzen Erde. Nun bietet Google Street View uns auch die dritte Dimension: Dank 360°-Ansichten aller größeren Städte kann der Nutzer virtuell durch die Nachbarschaft schlendern oder erste Eindrücke einer unbekannten Stadt gewinnen.

Google Street View vereinfacht die Vermarktung von Immobilien: Interessenten können die Lage schon vorher erkunden und sparen sich so Frust und Anreise, Makler können mit Videos und Animationen ihre Kunden emotional ansprechen, ohne anwesend sein zu müssen.

Google+

Google+ ist der neue Soziale Dienst von Google. Das Wachstum seit dem Start Juli 2011 ist sogar im Internet einmalig. 1.000.000 Menschen meldeten sich zu Beginn täglich bei Google+ an. Innerhalb von vier Wochen haben sich 25 Millionen Nutzer angemeldet. Und das ohne große Werbung seitens Google. Kein anderer Internet-Dienst wächst so schnell.

Die Kern-Innovation von Google+ sind die +Circles. Jeder Nutzer kann +Circles (Gruppen) eröffnen und hier seine Freunde, Kollegen oder Partner gruppieren. Somit kann man die Verteilung der Inhalte und Meinungen je nach Gruppen steuern. Schließlich soll der Chef nicht unbedingt etwas von der letzten Partynacht erfahren.

Zusätzlich zu den +Circles gibt es einen Video-Chat (+Hangouts) und einen Nachrichten-Feed (+Sparks). Schon wenige Tage nach dem Start des Dienstes gab es eine App für iPhone und Android.

Immobilienunternehmen sollten Google+ beobachten und zeitnah entscheiden, ob sie Google+ für die interne oder externe Kommunikation mit Mitarbeiter, Partnern und Kunden nutzen wollen.

Google Cloud for Business

Für Unternehmen bietet Google die Klassiker an Diensten des Cloud Computings an: Mitarbeiter fixieren in einem Kalender gemeinsame Termine, bearbeiten Dokumente mit verschiedenen Betriebssystemen, gestalten Websites und teilen Videos. Dank der ständigen Verfügbarkeit des Smartnets lassen sich diese Anwendungen jederzeit aufrufen, die Kompatibilität mit allen mobilen Betriebssystemen verhindert Schwierigkeiten bei größeren Gruppen.

Makler sind mit den passenden Geräten immer mobil, die Wolke wird zum Büro. Auch neue Mitarbeiter haben aktuelle Präsentationen und Videos sofort dabei und können virtuell eingelernt werden. Der gemeinsame Terminkalender koordiniert Vertretungen und Skype-Konferenzen.

Start-ups

Neben Facebook, Google, Twitter und Apple gibt es aktuell zahlreiche Neugründungen mit innovativen Kommunikationsanwendungen. Fünf Anwendungen wollen wir Ihnen nachfolgend kurzvorstellen.

OCCIPITAL – 360 PANORAMA

http://www.occipital.com/360/app

Das Unternehmen occipital bietet eine App für iPhone und iPad. Über die Kamerafunktion und die App kann man innerhalb von wenigen Minuten sehr gute 360°-Panoramafotos und Videos von einer Immobilien aufnehmen und über die Sozialen Netzwerke mit Kollegen oder Kunden teilen. Ausprobieren lohnt sich. Die Bedienung ist einfach und die Ergebnisse beeindrucken jeden Kunden.

LAYAR

http://www.layar.com/

Layar ist ein Browser, der Erweitere Realität für alle gängigen Smartphones anbietet. Aufbauend auf dieser Technologie können Unternehmen eigene Anwendungen erstellen und ihren Kunden zur Verfügung stellen. Objekte können virtuell mit Preis, Kontaktdaten und sogar Videos versehen werden. Zahlreiche Immobilienunternehmen haben das bereits getan.

FOURSQUARE

https://de.foursquare.com/

Foursquare ist eine standortbezogene Handy-Plattform, mit der man Städte auf eine neue Art erkunden kann. Indem man über eine Smartphone-Anwendung oder per SMS in einem Ort (Venue) „eincheckt", kann man Freunden seinen Standort mitteilen und dabei Punkte und virtuelle Abzeichen (Badges) sammeln. Nutzer können Notizen über besuchte Orte hinzufügen und erhalten so Empfehlungen in ihrer Nähe.

🏠 Foursquare ist vor allem für Einzelhändler interessant. Je mehr Leute sich an einem Ort einchecken, desto bekannter wird diese Location in den Freundeskreisen.

QWIKI

http://www.qwiki.com

Qwiki ist eine innovative Suchmaschine, die die Ergebnisse als multimediale Show aufbereitet. Die Informationen kommen dabei aus allen möglichen Quellen der Sozialen Medien und des Internets. Die Aufbereitung ist sehr emotional und verschafft einen schnellen Überblick über ein Thema. Qwiki gibt es ebenfalls als iPad App.

🏠 Immobilienunternehmen können Qwiki verwenden, um Lagen emotional aufzubereiten und zu teilen. Über eine Schnittstelle können Unternehmen eigene, individuelle Qwikis erstellen und ihren Kunden bereitstellen.

SMARTERAGENT.COM

http://www.smarteragent.com

🏠 Smarteragent ist eine Service-App für Makler. Über eine zentrale App können Makler und Immobilienunternehmen schnell und kostengünstig eigene Apps aufsetzen und kommunizieren.

SMARTEXPOSÉ

www.smartexpose.com

SMART**EXPOSÉ**

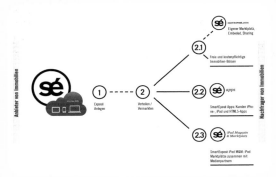

Ein spannendes Start-up aus Deutschland ist SmartExposé. Es ist ein internationaler Dienst für die Erstellung und die Kommunikation von Immobilienexposés – Online, Social und Mobile.

Das zentrale und plattformübergreifende Online-CMS und der Cloud-Service bilden die Basis aller Dienste. Hierüber können Makler und Immobilieneigentümer Exposés über einen Wizard erstellen und inklusive Bilder, Videos und Dokumenten verwalten.

SmartExpose.com

Im Basispaket können die Anbieter ihr SmartExposé vermarkten oder direkt als Link (www.smartexpose.com/id) an Kunden offen oder diskret verschicken. Zudem können sie es schnell und einfach über Facebook, Twitter und über kostenlose und kostenpflichtige Anzeigebörsen verteilen. Über den HTML5 Embedded Code können sie es auf ihrer Homepage und in ihrem Blog publizieren.

SmartExposé Apps

Ohne Mehraufwand können Sie aus ihren bereits erstellten SmartExposés iPhone-, iPad- und HTML5-Apps generieren und als eigenständige Firmen- oder Projekt-Apps in den iTunes Store von Apple einstellen.

SmartExposé iPad Magazin & Marktplatz

Für die Vermarktung von hochwertigen Immobilien können die Nutzer von SmartExpose.com ihre SmartExposés über ein eigenes iPad Magazin und einen eigenen Marktplatz sowie über zahlreiche White-Label-iPad-Marktplätze von weltweiten SmartExposé-Medienpartnern einer exklusiven Zielgruppe zum Kauf und zur Miete anbieten.

SmartExposé Corporate Publishing

Unternehmen und Agenturen können über das iPad Framework eigene Magazine inkl. Marktplätze ohne großen Zeit- und Kostenaufwand erstellen und vermarkten.

Social Media – nicht nur für Kids

Facebook und Co. sind keine Spielereien für Kinder und Jugendliche, sondern gehört zu den wichtigsten Kommunikationsmedien auf der ganzen Welt. Der deutsche Facebook-Nutzer ist im Durchschnitt 38 Jahre alt. Personalabteilungen müssen sich nicht mehr durch Bewerbungsstapel quälen oder Headhunter beauftragen, sondern nur auf das große Netzwerk der eigenen Firma zurückgreifen. Schließlich sind Unternehmen als Werbekunden unverzichtbar, um die Innovationen der Social Media zu finanzieren. Angebote wie Facebook und Skype haben Dienste für kommerzielle Nutzer längst integriert. Werbung über die Daten von Nutzerprofilen und die direkte Ansprache von Zielgruppen ist bereits Standard.

Location-based Services / Augmented Reality

Location-based Services gehören zu den beliebtesten Funktionen eines Smartphones. Wenn das Handy weiß, wo ich bin und was mich interessiert, bleibt es mir erspart, die ganze Gegend zu durchforsten: Ich erhalte die Informationen, die für mich in meiner Umgebung wichtig sind. Wenn ich eine Immobilie suche, informiert mich mein Handy über Makler und verfügbare Objekte in der Nähe, zeigt Videos und Bilder, ich kann sehen, welche Freunde in der Nähe wohnen. Ein Blick durch die Handykamera geht dann einen Schritt weiter: Spezielle Apps bieten eine Erweiterte Realität (Augmented Reality), die Häuserfassade enthält dann virtuelle Informationen zu Baujahr und Mietpreisen.

Cloud Computing

Namhafte US-Blogs sehen im Cloud Computing die Zukunft unseres Computer-Verständnisses. Nutzer speichern ihre Daten nicht mehr auf der eigenen Festplatte, sondern im Internet. Cloud Computing liefert, unabhängig von Ort und Gerät, die aktuellsten Versionen, auch für eine größere Gruppe. Smartphone, Laptop, iPad: Dateien für die eigenen Endgeräte müssen nicht mehr aufwendig synchronisiert werden, das spart Zeit – und Unternehmen damit Geld. Auch Investitionen in teure Hardware und Lizenzen entfallen.

Social Media meets Real Estate

Social Media sind für jedes Immobilienunternehmen interessant. Dennoch ist es wichtig, dass Sie ausloten, auf welcher Plattform Ihre Zielgruppen aktiv sind. Facebook ist für die Vermietung oder den Verkauf von „kleinen" Einheiten interessant. Zudem können Sie frühzeitig mit potenziellen Kunden in Kontakt treten. Mehr Inhalte, weniger Werbung, dieses Credo sollten Sie im Internet beachten. Twitter ist vor allem für die Kommunikation mit Medien und Bloggern spannend, so bauen Sie Ihr Netzwerk aus. Über Xing oder LinkedIn finden Sie Kooperationspartner und Mitarbeiter, YouTube und Flickr ist für den Imageaufbau und die Präsentation Ihres Fachwissens geeignet. Doch Achtung: Lassen Sie Ihre Mitarbeiter erst aktiv werden, wenn sie auch privat in den Social Media unterwegs sind.

Lage, Lage, Lage

Es ist das, was jede Immobilie einzigartig macht: die Lage. Über Location-based Services können Ihre Mieter und Käufer direkt in dem gewünschten Viertel nach passenden Immobilien suchen. Nutzen Sie das und bieten Sie Ihre Objekte mithilfe dieser Dienste an. Ihre Kunden erhalten zudem über Links auf Wikipedia oder Google Maps ergänzende Informationen zu der Umgebung. Stellen Sie sich vor: Der Kunde schaut durch seine iPad-Kamera auf die Baulücke. Virtuell wird direkt in die Lücke Ihr geplantes Objekt virtuell eingeblendet. Zum Kauf muss der Kunde nur noch draufdrücken.

Vernetztes Arbeiten

Erleichtern Sie sich selber und Ihren Mitarbeitern die Arbeit im digitalen Raum. Dank Cloud Computing können Sie vernetzt arbeiten, etwa mit dem Dienst von Google: Ein zentraler Mailserver verwaltet die elektronische Post, Exposés und Konzepte schreiben Sie und Ihr Team über Google Docs. Nutzen Sie Skype, um schnell und kostenlos mit Ihren Kollegen zu telefonieren. Basecamp hilft Ihnen, die Aufgaben innerhalb Ihres Unternehmens zu steuern. Nutzen Sie die Wolke und sparen Sie sich Zeit, Geld und Aufwand.

Die Handlungsvorschläge bauen pro Kapitel aufeinander auf. Die Vorschläge lassen sich so schrittweise erweitern und geben als Gesamtes ein Kommunikationskonzept für die Vermarktung von Immobilien und von Immobilienunternehmen vor – am Beispiel eines Neubauprojektes.

11. Starten Sie für das Neubauprojekt eine Social-Media-Kampagne. Beginnen Sie mit einer Fanpage auf Facebook und einem Account bei Twitter. Sie müssen hier aktiv interessante Inhalte, vor allem Fotos und Videos, einstellen. Suchen Sie gezielt nach Nutzern und Gruppen, die zu Ihren Themen passen. Machen Sie diese zu Ihren Freunden.

12. Ergänzend richten Sie sich ein Firmenprofil auf Xing oder LinkedIn ein. Bitte immer nur einen Dienst nutzen: Xing für nationale Projekte, LinkedIn für internationale Projekte. Gehen Sie auf die digitale Suche nach passenden Partnerunternehmen und Personen. Stellen Sie in passenden Gruppen interessante Inhalte ein und nehmen Sie an Diskussionen aktiv teil.

13. Richten Sie ein Wordpress-Blog für das Projekt ein. Berichten Sie hier regelmäßig über Neuigkeiten zum Projekt und spannende Themen drum herum.

14. Verbinden Sie die Konten von Facebook, Twitter und LinkedIn mit dem Blog (hierfür bietet Wordpress fertige Module an). So können Sie alle Inhalte zentral verwalten und verteilen.

15. Nutzen Sie eine Social Media Software für die Erfolgskontrolle Ihrer Kampagne (z.B. eC-social von eCircle).

16. Beauftragen Sie eine Agentur, eine erste kleine Augmented-Reality-Anwendung für das Neubauprojekt zu entwickeln.

17. Kommunizieren Sie diese Innovation über alle digitalen Medien – Online, Mobile und Social Media – als ihre Innovation.

18. Buchen Sie ein kleines Paket bei Basecamp. Steuern Sie das gesamt Projekt inkl. Kommunikation über das Tool. Verpflichten Sie Mitarbeiter und Partner, die Online-Software aktiv zu nutzen. So können Sie das Projekt effizienter managen, und Ihre Kollegen erhalten ein besseres Gefühl für die digitale Welt über Facebook und die Google-Suche hinaus.

KAPITEL 3

WIE IMMOBILIENUNTERNEHMEN DIE DIGITALEN MEDIEN FÜR IHRE KOMMUNIKATION OPTIMAL EINSETZEN KÖNNEN

090

FANS BEI FACEBOOK

Zillow — 150.000

Immobilien Scout24 — 10.233

Immonet — 5.970

093

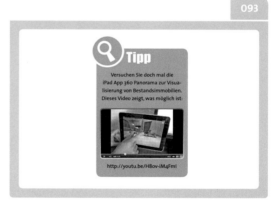

104

98,2%
als Vermarktungskanal
für Immobilien

106

Platzhirsche und ihr Auftreten in Sozialen Medien

In Deutschland beherrschen die drei Platzhirsche Immobilien-Scout24, Immonet und Immowelt den digitalen Immobilien-markt. ImmobilienScout24 ist mit rund 5 Millionen Besuchern pro Monat der Marktführer, Immonet und Immowelt liefern sich ein erbittertes Kopf-an-Kopf-Rennen um den zweiten Platz. Als Antwort auf die Finanzkrise erhöht ImmobilienScout24 in den Jahren 2009 und 2010 seine Preise, die Konkurrenz zieht nach. Auf Blogs wie Immobilienportale.com hagelt es kritische Kommentare: Die Preise seien zu hoch, der Service unzureichend und auch die Anwendungen funktionierten teilweise nicht reibungslos.

Das Prinzip auf Immobilienportalen ist dasselbe wie bei Zeitungsanzeigen: Der Inserierende schaltet eine Anzeige für einen vorgegebenen Zeitraum und bezahlt hierfür einen Geldbetrag. Die Exposés können eine vorgegebene Anzahl an Fotos enthalten, eine interaktive Karte ist ebenso integriert wie Kontaktdaten und Informationen zum Objekt. Jedoch kann die Qualität und Glaubwürdigkeit dieser Exposés stark variieren: Da die Portale hier keine Qualitätsstandard festlegen, sind fehlende Grundrisse, eine mangelhafte Bebilderung oder sogar Fotomontagen an der Tagesordnung.

Bei allen drei Marktplätzen **ImmobilienScout24, Immonet und Immowelt** wirkt Mitte 2011 das Layout verstaubt, die Portale sind – zumindest im Aussehen – Online-Ausgaben eines Anzeigenblatts geblieben. Für Inserierende heißt das: Immobilie einstellen, bezahlen, gefunden werden. Nicht mehr, nicht weniger. Aber wohin geht die Reise? Wer nutzt die vielfältigen Möglichkeiten des Web 2.0 und der

HTTP://DE-DE.FACEBOOK.COM/
IMMOBILIENSCOUT24

HTTP://WWW.FACEBOOK.COM/
IMMONET

HTTP://WWW.FACEBOOK.COM/
IMMOWELTAG

HTTP://ITUNES.APPLE.COM/
DE/APP/IMMOSCOUT24/
ID344176018

HTTP://ITUNES.APPLE.COM/
DE/APP/IMMONET.DE/
ID394618916

HTTP://ITUNES.APPLE.COM/
DE/APP/IMMOWELT.DE/
ID354119842

FANS BEI FACEBOOK

Zillow	150.000
Immobilien Scout24	10.233
Immonet	5.970

Sozialen Medien? Was wird Anbietern und Nachfragern an zusätzlichen Serviceleistungen geboten? Und wie positionieren sich die Portale im Smartnet?

Alle drei Anbieter haben eine iPhone-App. Der Aufbau und die Funktionen sind beinahe identisch. Einzig die iPhone-App von Immonet bietet mehr als die herkömmliche Filtersuche: Eine Erweiterte Realität zeigt Immobilienangebote der anvisierten Häuser an, der Sonnenfinder ermittelt, durch welche Zimmer die Sonne wann einfällt. Ein Video mit dem Blogger MC Winkel sollte die App bewerben, der virale Erfolg blieb jedoch aus: Im August 2011 dümpelte das Video bei nicht einmal fünftausend Klicks herum.

Im selben Monat brachte ImmobilienScout24 eine iPad-App auf den Markt, Immowelt verzichtet dagegen bisher gänzlich auf diese Plattform. Dass Immobiliensuchende auf die Platzhirsche angewiesen sind, zeigen die Downloadzahlen. Denn trotz herkömmlichen Funktionen können die Apps überdurchschnittlich hohe Zugriffszahlen vorweisen. Die Android- und iPhone-Applikationen von ImmobilienScout24 haben bereits die Eine-Million-Download-Marke überschritten und zählen damit zu den erfolgreichsten Anwendungen im AppStore und Android-Market.

Auch in den Sozialen Netzwerken sind die drei Anbieter vertreten: Sie haben je eine eigene Fanseite bei Facebook. Zudem bieten ImmobilienScout24 und Immonet Such-Anwendungen für die Fanpage der eigenen Kunden. Mit 10.233 Fans führt Immoscout bei Facebook, gefolgt vom Immonet mit 5.970 Fans (Stand 30.9.2011). Alle drei Portale sind auch bei Twitter vertreten. Zum Vergleich: Das amerikanische Portal Zillow.com hat über 150.000 Freunde.

Es ist offensichtlich, dass noch keiner der drei über eine innovative Strategie in den Sozialen Medien verfügt, die eine Reichweitenverschiebung ermöglichen würde. Alle nutzen diese Kanäle, um ihr eigenes Internetportal zu bewerben, und nicht, um den Nutzern ein differenziertes Unternehmensbild zu bieten. Sie werden vorerst kostenpflichtig und unidirektional bleiben. Aber das kann nicht mehr lange gut gehen. Breit vernetzte Makler stellen ein Objekt auf Facebook kostenlos ein und lassen es von ihrem Freundeskreis empfehlen. Die Zeit und neue Denkansätze werden zeigen, ob sich dieses Format zu einem direkten Konkurrenten für die Platzhirsche entwickeln kann. Makler und Eigentümer sind schon in Wartestellung, um neue Modelle auszuprobieren. Die Liebe der Kunden zu den Platzhirschen ist gering, ständige Preiserhöhungen und verhaltene Innovationen fördern den Wunsch nach Wandel.

PRAXIS:
BESSER DIGITAL INSERIEREN

Eigentlich kann man bei der Einstellung von Immobilien in Online-Börsen nichts falsch machen. Es wird sehr viel vorgegeben, und es bleibt somit wenig Spielraum für individuelle Darstellungen. Hier aber die 10 wichtigsten Tipps, um die Nutzer auf Ihr Angebot zu stoßen und sie zu Ihren Kunden zu machen.

1.

Bilder, Bilder, Bilder: Ehrliche und gute Bilder sind die halbe Miete. Achten Sie bitte auf die Qualität, vor allem beim Licht und den Blickwinkeln. Stellen Sie die Bilder in der richtigen Reihenfolge ein. Durch die Slideshow-Funktion kann sich so der Nutzer durch die Wohnung oder das Büro richtig navigieren und es „erleben".

2.

Wenn möglich, bieten Sie Videos an. Eine animierte Collage mit Hilfe von Animoto. com wäre schon ein Anfang.

3.

Lage, Lage, Lage: Beschreiben Sie die Lage ein wenig genauer. Erzählen Sie eine Art kurze Geschichte, als ob Sie die Gegend selber erkunden würden.

4.

Beschreiben Sie das Objekt so, wie es ist, und geben Sie möglichst viele konkrete Informationen an.

5.

Dokumente: Stellen Sie alle nötigen Dokumente (zum Beispiel Bewerbungsbogen) bei Scripd.com ein und verlinken Sie es zu ihrem Inserat. So können die Nutzer es sich optimiert für alle PCs und mobilen Geräte ansehen. Zudem sehen Sie auf Ihrer Firmenseite bei Scribd.com alle anderen, öffentlichen Dokumente. Und Sie müssen die Dokumente nur einmal einstellen und zentral pflegen.

6.

Kontakt: Geben Sie möglichst viele Kontaktmöglichkeiten an: E-Mail, Telefon, Mobil, Skype und Xing sollten immer angegeben werden. Zwei alternative Kontaktpersonen erhöhen die Kontaktchancen und verringern den möglichen Frust beim Nachfragen.

7.

Stellen Sie sich und Ihr Team mit einem guten Foto dar. Jeder kann sehen, wer Sie sind, die Anonymität des Internets wird überbrückt, Vertrauen entsteht.

8.

Beantworten Sie die Anfrage der Nutzer innerhalb von 8 Stunden. Je schneller Sie antworten, desto glücklicher werden Ihre potenziellen Kunden sein. Beachten Sie aber die Kontaktwünsche der Nutzer.

9.

Verlinken Sie zu Ihrer Homepage, aber auch zu Ihren anderen Internetaktivitäten, wie zum Beispiel Facebook-Fanpage und Xing-Profil.

10.

Richten Sie sich bei den Immobilienbörsen eine Projekt- und Referenzseite ein. So können die Nutzer sehen, welche Deals sie bereits gemacht haben, und sie sehen zudem ihre weiteren Angebote innerhalb der Online-Börsen.

EMOTIONALE SUCHE UND VISUALISIERUNG

Ed Goodman arbeitet in der Marketingabteilung des US-Grußkartenvertriebs Hallmark, als ihm im Jahr 1944 eine knifflige Aufgabe gestellt wird: Er soll einen Slogan erfinden, durch den sich die Kunden nicht nur besonders angezogen fühlen, sondern der sie auch davon überzeugt, das beste Produkt in den Händen zu halten. Goodmans Vorschlag ist heute weltbekannt: „When You Care Enough to Send the Very Best." (Für Ihre Lieben senden Sie nur die allerbesten Wünsche.)

Emotionen stimulieren das Gehirn dreitausend Mal schneller als ein normaler Gedanke. Die moderne Neurologie bestätigt, was die Werbeindustrie seit ihrer Gründung weiß. Dieses Wissen wurde in einem Satz zusammengefasst, den jeder PR-Experte sicherlich schon mal gehört hat: „Reason leads to conclusions, emotion leads to action." Der Verstand führt zu Erkenntnissen, Emotionen aber führen zu Taten.

Immobilien sind High-Interest-Produkte für den Käufer: Sie haben eine große Bedeutung, hohe Kosten und eine lange Nutzungsdauer. Die Entscheidung für eine Immobilie trifft man nicht schnell und leicht, sondern man nimmt einen langen Entscheidungsprozess auf sich: Vor- und Nachteile werden abgewogen, Alternativen herangezogen und wieder verworfen. Am Ende sind oft die emotionalen Faktoren entscheidend für einen Kauf, das Gefühl, dass diese Wohnung „die richtige" ist. Makler können solche emotionalen Signale bewusst senden, um den Entscheidungsprozess zu erleichtern.

Einen Weg, um einen potenziellen Käufer emotional anzusprechen, nutzen Makler, Bauträger und Projektentwickler gerade bei Neubauprojekten: die Visualisierung. Denn dort, wo Zahlen und Pläne auf Papier an ihre Grenzen stoßen, kommen Bilder ins Spiel. Die Visualisierung einer Immobilie regt bei Investoren, Bauherren und zukünftigen Mietern die Fantasie an, sich das Objekt in der Realität vorzustellen. Gleichzeitig ist sie ein Qualitätsmerkmal, denn sie zeichnet ein realistisches Bild von der Immobilie und zeigt damit die Qualität und Individualität des Objekts auf. Makler schaffen so eine Verbindung zwischen dem Gebäude und dem potenziellen Kunden. Dieser soll sich mit der Immobilie auf einer persönlichen Basis identifizieren.

Durch die Sozialen Medien bieten sich Maklern verschiedene Möglichkeiten: Die Visualisierung von Immobilien findet häufig über die bekannten Immobilienportale statt, doch durch das tabellarische Design solcher Seiten wird die Emotionalität der Suche auf ein Minimum beschränkt. Neubauprojekte mit hohem Prestige bieten auch Apps für Tablet-Computer an, die durch hochauflösende Bilder, Videos und Interaktivität den Kunden nicht nur auf einer rationalen Ebene ansprechen. Hier werden sowohl die digitale Visualisierung von Neubauprojekten als auch von stadtplanerischen Entwürfen oder spezifischen Projektplänen realisiert. Innenarchitekten präsentieren ihre Entwürfe interaktiv mittels Tablet-Computer, Kunden erleben eine straßenperspektivische Objekt- und Umgebungserkundung vom Schreibtisch aus.

Wie eine emotionale Präsentation von Immobilien aussehen kann, zeigen die Makler von Coldwell Banker auf ihrer Internetseite. Die BlueScape® Search funktioniert nach einfachen Prinzipien: Dem Nutzer werden Fotos gezeigt, die er positiv oder negativ beurteilen kann. Nach einigen Fotos entsteht so schon ein Profil, welche Lage und welche Art von Immobilie für den Nutzer interessant sind. Filter und Schlagworte können zusätzlich angegeben werden, der Kunde erhält das Gefühl einzigartig zu sein. Unterstützt wird dies durch das Layout der Website, welches in einem himmlischen Blau gehalten ist. Durch die Vernetzung in den Social Media erreichen Kunden unkompliziert ihre Ansprechpartner. Die anstrengende Immobiliensuche wird zum Wellness-Urlaub.

Versuchen Sie doch mal die iPad App 360 Panorama zur Visualisierung von Bestandsimmobilien. Dieses Video zeigt, was möglich ist:

http://youtu.be/H8ov-iM4FmI

Beispiel für eine iPad-Visualisierung von Grossmann & Berger

So funktioniert BlueScape:

BlueScape ist eine Suche über Bilder. Der Nutzer bewertet vorausgewählte Bilder mit „Daumen hoch" oder „Daumen runter". Daraus kann die Software ein Profil berechnen und daraufhin „nur" passende Immobilien vorschlagen.

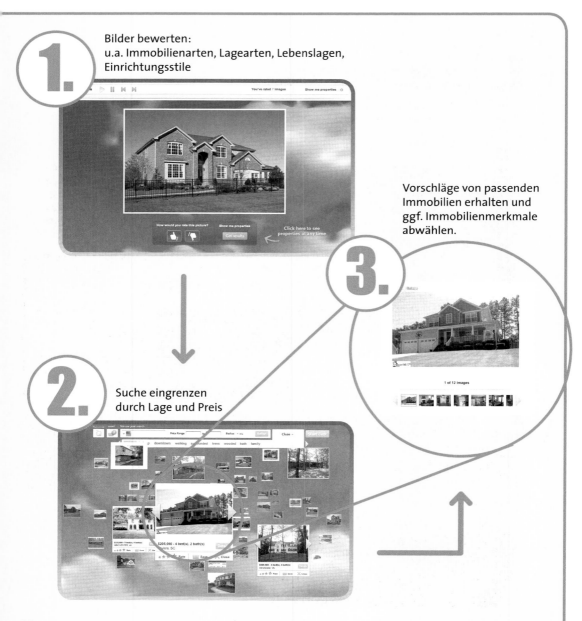

1.

Bilder bewerten:
u.a. Immobilienarten, Lagearten, Lebenslagen, Einrichtungsstile

Vorschläge von passenden Immobilien erhalten und ggf. Immobilienmerkmale abwählen.

3.

2.

Suche eingrenzen durch Lage und Preis

So funktioniert die Living-Lifestyle-Suche:

Das deutsche Immobilienunternehmen Dahler & Company hat eine weiter gehende Living-Lifestyle-Suche online und auf Facebook umgesetzt. Machen Sie doch den Test unter: www.livinglifestyle.de.

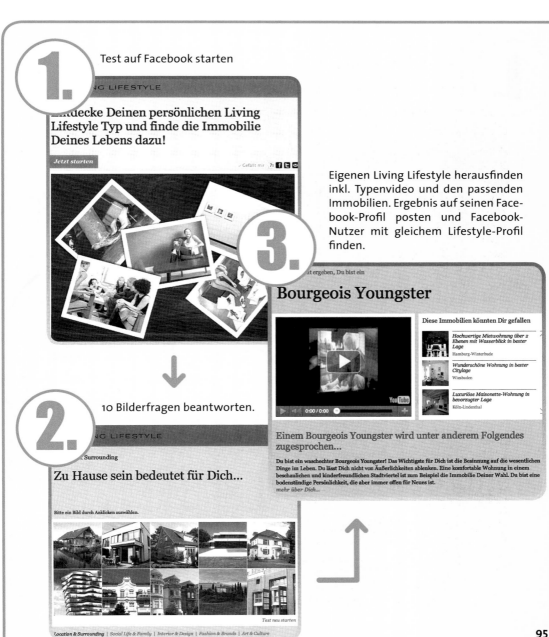

1. Test auf Facebook starten

LIVING LIFESTYLE

Entdecke Deinen persönlichen Living Lifestyle Typ und finde die Immobilie Deines Lebens dazu!

Jetzt starten

Gefällt mir 7i

3. Eigenen Living Lifestyle herausfinden inkl. Typenvideo und den passenden Immobilien. Ergebnis auf seinen Facebook-Profil posten und Facebook-Nutzer mit gleichem Lifestyle-Profil finden.

...t ergeben, Du bist ein

Bourgeois Youngster

Diese Immobilien könnten Dir gefallen

Hochwertige Mietwohnung über 2 Ebenen mit Wasserblick in bester Lage
Hamburg-Winterhude

Wunderschöne Wohnung in bester Citylage
Wiesbaden

Luxuriöse Maisonette-Wohnung in bevorzugter Lage
Köln-Lindenthal

0:00 / 0:00   You Tube

Einem Bourgeois Youngster wird unter anderem Folgendes zugesprochen...

Du bist ein waschechter Bourgeois Youngster! Das Wichtigste für Dich ist die Besinnung auf die wesentlichen Dinge im Leben. Du lässt Dich nicht von Äußerlichkeiten ablenken. Eine komfortable Wohnung in einem beschaulichen und kinderfreundlichen Stadtviertel ist zum Beispiel die Immobilie Deiner Wahl. Du bist eine bodenständige Persönlichkeit, die aber immer offen für Neues ist.
mehr über Dich...

2. 10 Bilderfragen beantworten.

LIVING LIFESTYLE

...Surrounding

Zu Hause sein bedeutet für Dich...

Bitte ein Bild durch Anklicken auswählen.

Test neu starten

Location & Surrounding | Social Life & Family | Interior & Design | Fashion & Brands | Art & Culture

MARKENBILDUNG: UNTERNEHMEN UND IMMOBILIEN

Jacques und Jill sind zwei Chihuahuas in New York und die Helden einer Bildergeschichte. Sie verlieben sich, erleben Abenteuer und betrachten schließlich den Sonnenuntergang aus dem Penthouse von Jills Frauchen. Was nach einer Kindergeschichte klingt, ist in Wirklichkeit ein PR-Coup des Architekten Jean Nouvel. Er gibt einem Objekt durch solche Geschichten ein eigenes Gesicht. Nouvel begeistert Mieter und Presse, sie alle erinnern sich an den Namen der Luxusimmobilie: 40 Mercer.

Das sogenannte **Adress Branding**, die Markenbildung für eine einzige Immobilie, ist hauptsächlich bei Luxusimmobilien zu beobachten. Anders sieht es bei den Unternehmen als Marke aus: Zwar gibt es Immobilienfirmen, welche die Etablierung der eigenen Marke noch stiefmütterlich behandeln, doch das hat sich in den letzten Jahren gewandelt. Gerade für Immobilienfirmen, die überregional agieren und eine gehobene Marktposition anstreben, ist das Branding, die Etablierung eines eigenen Namens als Marke, ein notwendiger Schritt. Während für solche Imagekampagnen auch heute noch große Geldbeträge auf die Konten von PR-Agenturen überwiesen werden, kann ein Makler seine Marke dank der Sozialen Medien auch mit einem geringen Werbeetat etablieren.

So kann zum Beispiel ein Immobilienunternehmen, das vor allem auf Green Buildings setzt, **Themengruppen** zum Thema auf Facebook und **Utopia.de** gründen und mit wissenswerten Inhalten für die Nutzer aktuell halten. Nach und nach kann er so seine eigene Marke aufbauen und diese ergänzend durch gezielte Video-Spots bei YouTube verstärken.

Doch nicht nur Unternehmen etablieren sich als Marken, um Kunden emotional an sich zu binden: Immobilien, Bauprojekte und ganze Stadtviertel werden von Maklern zielgerichtet „gebrandet", um Stimmungen und Gefühle freizusetzen. Dies kann mit einer emotionalen Namensgebung wie „Landhaus Toskana" beginnen, geht über eine bewusste Farb- und Musikauswahl auf der eigenen Homepage und führt zur Assoziation der eigenen Marke mit Prominenten.

Diesen Zeit- und Finanzierungsaufwand investieren Entwickler, Bauträger und Makler hauptsächlich bei Luxusimmobilien, Neubauprojekten, Kaufobjekten und Gewerbeimmobilien im höheren Preisniveau. Solche Objekte verfügen über eine längere Vorlaufzeit und werden zumeist innerhalb eines geschlossenen Interessentenkreises vermittelt. Oft erfolgt die Ansprache persönlich über Di-

UTOPIA.DE IST EIN ONLINE-PORTAL UND NETZWERK FÜR STRATEGISCHEN KONSUM UND NACHHALTIGKEIT. BEI UTOPIA. DE WERDEN ZUDEM UNTERNEHMEN VORGESTELLT, DIE SICH FÜR DIESE BEIDEN THEMEN EINSETZEN.

KAP. III.3

1.

Seien Sie online und bauen Sie sich eine starke Digitale Reputation auf. Es wird sich auszahlen.

2.

Googlen Sie sich regelmäßig und beachten Sie die Veränderungen der Einträge zu Ihrer Person.

3.

Schauen Sie regelmäßig auf Facebook und Twitter und finden Sie heraus, ob und wie über Sie geredet wird.

4.

Veröffentlichen Sie regelmäßig „wertvolle" Artikel unter Ihrem Namen.

5.

Sichern Sie Ihre Nutzerkonten mit starken und regelmäßig angepassten Passwörtern.

6.

Suchen Sie gezielt nach Bildern und Videos zu Ihrer Person.

7.

Ermahnen Sie Dritte negative Einträge über Sie und falsche Bilder von Ihnen zu löschen.

rektkommunikation, Mailings, spezifische PR-Maßnahmen, Kampagnen, Sponsoring oder Events auf speziellen Messen. Für Makler, die sich im Hochpreissegment bewegen, ist es wichtig, ihren Beruf nicht als reine Vermittlungsstelle zu sehen, sondern ihre Kunden nach ihren Vorstellungen zu beraten und zu betreuen. **Gut vernetzte Makler nutzen Social Media wie selbstverständlich:** Durch Blogs, Twitter und Facebook aktualisieren sie ihre Marke bei ihren Kunden und erhöhen so die Wahrscheinlichkeit, im Bekanntenkreis weiterempfohlen zu werden. Sie sorgen dafür, dass sie Empfehlungen und Bewertungen von mehreren Seiten erhalten, um Vertrauen bei Interessenten aufzubauen.

Doch auch für den Makler gilt die Grundregel der Social Media: Er muss darauf achten, dass seine Aktionen, mit denen er Emotionen aufzugreifen versucht, nicht beliebig und durchdacht wirken. Wenn einen Kunden das Gefühl der Willkür überfällt und er über das Internet Gleichdenkende findet, kann sich der ganze Kundenstamm schnell gegen einen wenden. Hier spielt die **Digitale Reputation** eine wichtige Rolle. Links finden Sie eine Übersicht der Regeln, um eine positiven Reputation aufzubauen und zu halten.

Die Etablierung einer Marke muss einem klaren Konzept folgen und mit der Realität übereinstimmen; entdeckt der Kunde Manipulationen oder Unstimmigkeiten, verliert er das **Vertrauen – das wichtigste Kapital eines Maklers**. Ebenso wichtig ist die Pflege einer Marke sowie die regelmäßige Überprüfung des Markenkerns mit der aktuellen Unternehmensausrichtung. Die Neuausrichtung einer Marke muss mit viel Fingerspitzengefühl angegangen werden. **Oft ist die Marke bei Immobilienunternehmen der größte Firmenwert** – vor allem regionale Makler haben innerhalb ihrer Region einen hohen Bekanntheitsgrad. Die Gründer „bürgen" dafür auch mit ihrem guten Namen. Regelmäßige Befragungen von Kunden können bei einer Neuausrichtung sehr hilfreich sein.

Digitale Objektver-marktung: Die Sicht des Anbieters

Von Tobias Geipel kann man ständig etwas lernen. Im Februar 2011, wie teuer Dieseltreibstoff in Hessen war: „Diesel in Bad Orb 1,40 !!! :(", twitterte Geipel, Fan von Sozialen Medien und Immobilienmakler. Er nutzt Facebook, YouTube, pflegt Blogs, gibt Seminare und twittert täglich. Neben besagter Diesel-Info zwitschert er seinen weit über 6000 Followern hier Videotipps, die Cafés, die er besucht hat, – und neue Immobilieninserate. Ein moderner Ansatz, der Beachtung findet: 2010 erhielt Geipel hierfür den „Immo Idee 2010 Sonderpreis Social Media".

Ein Immobilienmakler agiert als Bindeglied zwischen Angebot und Nachfrage. Einerseits wird er von Kunden konsultiert und übernimmt stellvertretend die erste Sichtung, Bewertung und Vermittlung. Auf der anderen Seite kann ein Eigentümer stehen, der sein Objekt verkaufen möchte. Er wendet sich an einen Makler, der Interessenten vermittelt. Somit verfügt der Makler über einen Grundstock an Immobilien und akquiriert hierfür passende Käufer, andererseits bietet er Käufern entsprechende Immobilien aus seinem Pool an. Am Ende steht im Idealfall der Vertragsabschluss.

Doch die Aufgaben des Immobilienmaklers sind nicht nur auf die bloße Vermittlung von Objekten begrenzt, sowohl Käufer als auch Anbieter erwarten eine ansprechende Beratung und Betreuung. Hierfür benötigt der Makler neben Empathie und psychologischem Feingefühl vor allem eine fundierte Ausbildung sowie regelmäßige Fortbildungen, um die Wünsche und Bedürfnisse einer Zielgruppe zu erfassen. Während sich mittlerweile eine Bewegung etabliert, welche die Zertifizierung von Maklern anstrebt, ist das Internet schon einen Schritt weiter. Eine aktive Community tauscht sich über Erfahrungen aus, empfiehlt bestimmte Makler und bewertet diese, um Neukunden die Entscheidung zu erleichtern. Dies ist jedoch nicht der einzige Grund dafür, dass ein erfolgreicher Makler stets ein Auge auf seine Darstellung im Internet haben muss.

Die Arbeit eines Maklers unterteilt sich in drei Bereiche: Wissen, Arbeiten und Vermarkten. In allen wurden mithilfe der Sozialen Medien neue Innovationen entwickelt, die die Arbeit effektiver gestalten. Schließlich richtet sich der Verdienst eines Maklers nach dem Erfolgsprinzip: Bis zum Erhalt der Courtage erfolgen alle Vorleistungen auf eigenes Risiko. Das Ziel eines Maklers ist es, den Aufwand pro Vertragsabschluss so gering wie möglich zu halten. Zum einen ist er deswegen stets auf der Suche nach neuen Kanälen, um potenzielle Käufer zu erreichen; zum anderen weitet er seine Aktivitäten in erfolgversprechenden Kanälen aus.

Wissen: In diesen Bereich fallen neben beruflichem Knowhow vor allem lokale Fachkenntnisse über Mieten, Preise, Käufer und Anbieter. Da die wertvollsten Informationen nicht in der Zeitung stehen, ist es für Makler wichtig, auf ein breites Netzwerk von Informanten zurückgreifen zu können. Dies können ehemalige Kunden sein, deren Bekannte eine Immobilie suchen, aber auch gute Kontakte zu anderen Maklern. Soziale Medien helfen, diese Netzwerke zu erweitern und Kontakte zu pflegen. Trends lassen sich auf diese Weise früh aufspüren. Ein aufgeschlossener Makler kann Entwicklungen auf dem Markt nachvollziehen, aber auch seinen Arbeitsprozess optimieren.

Arbeiten: Hiermit sind alltäglich anfallende Aufgaben gemeint, die nicht der direkten Objektvermarktung dienen: Der Makler organisiert und verwaltet seine Objekte, sammelt Material wie Texte und Bilder und fertigt daraus Exposés an. Doch auch der Kontakt zu Behörden und Banken sowie das Speichern von Kontaktdaten und Terminen fällt in diesen Bereich. Auf dem Markt sind für solche Verwaltungsaufgaben spezielle Maklersoftwares erhältlich. Neben der Zeitersparnis bei den täglichen Arbeitsabläufen profitiert der Makler auch von der Möglichkeit, eine eigene Internetseite zu erstellen und zu pflegen.

Hilfreiche Wissens-Tools

Google Trends
HTTP://
WWW.GOOGLE.COM/TRENDS

Altas der 1a-Lagen
HTTP://
ITUNES.APPLE.COM/US/APP/
1A-LAGEN/ID418558349

Ein neuer, sehr spannender Ansatz sind die sogenannten **Sozialen Dienste für Unternehmen**. Technologisch und funktional basieren sie auf der Idee der Sozialen Netzwerke. Der Unterschied ist aber, dass die Mitglieder nur die Mitarbeiter und ggf. Kunden des eigenen Unternehmens sind. So lässt sich die Arbeit effizienter und digitaler gestalten. **Yammer.com** ist hier ein gutes Beispiel.

Vermarkten: Maklersoftwareprodukte erleichtern auch die Vermarktung von Immobilien, gerade in einem größeren Team. Sie verwalten Kontaktdaten und Verhandlungsprotokolle zentral, damit das ganze Team immer auf einem aktuellen Stand ist. Für andere Aufgaben dieses Bereichs empfiehlt sich die Verwendung von Sozialen Medien. Die zeitaufwändige und arbeitsintensive Neukundenakquise kann mithilfe von digitaler Mundpropaganda vereinfacht werden, Immobiliensuchende suchen schließlich bewusst nach Empfehlungen.

Wichtiger denn je ist der persönliche Kontakt zu Kunden und Interessenten. Dies muss nicht zwangsläufig ein Treffen oder Telefonat sein, die Botschaft kann auch über andere Kanäle vermittelt werden. Gerade jüngere Zielgruppen, die über Zeitungsannoncen kaum mehr zu erreichen sind, sehen die digitale Aufgeschlossenheit eines Maklers ausgesprochen positiv. Entsprechend der Zielgruppen muss man die richtigen Medien auswählen, welche die Kunden aktiv nutzen und mit welchen man Streuverluste minimieren kann. Bei jüngeren Zielgruppen, wie zum Beispiel Studenten, sind es vor allem digitalen Medien, bei älteren Personenkreisen die Anzeige in einer lokalen Zeitung kombiniert mit Online-Medien.

www.yammer.com

DIGITALE OBJEKTSUCHE: DIE SICHT DES KUNDEN

Wenn Millionäre in Frankreich und Monaco nach einer Luxusimmobilie suchen, werden sie an Alexander Kraft nicht vorbeikommen. Schon mit 27 Jahren vermittelte der Berliner Immobilien, die Deutschen kennen ihn als Luxus-Makler aus Interviews und dem Fernsehen. Interessenten müssen nicht mehr lange suchen, ihre Traumimmobilie ist wenige Klicks entfernt: Alexander Kraft kann schnell gefunden werden – auf dem Business-Netzwerk LinkedIn.

Bei Luxusimmobilien ist der Weg zum Traumobjekt für den Kunden meistens gut betreut. Makler sind mehr als Vermittler, sie sind Berater, Freund und Vertrauter. Anders sieht es auf dem normalen Immobilienmarkt aus: Geschönte Fotos im Exposé, schwarze Schafe unter den Maklern, ein enormer Zeitaufwand für die Besichtigungen. Hürden gibt es für den Normal-Verbraucher reichlich. Und so suchen sie nach neuen Wegen. Manche Arten der Immobiliensuche werden nicht verschwinden, doch wie entwickelt sich die Suche nach dem passenden Objekt?

ZEITUNGSANZEIGEN

82,9%

als Vermarktungskanal
für Immobilien

Der klassische Weg zur Immobilie führt über die Zeitung. Nahezu alle überregionalen Printmedien verfügen über einen Immobilienteil, in dem aktuelle Objekte angeboten werden. Makler schalten solche Anzeigen teils aus Prestige-Gründen, um ihren Namen in der Wochenendlektüre vieler Leser zu platzieren, hauptsächlich aber, um eine ältere Zielgruppe zu erreichen. Die Informationen einer Zeitungsanzeige beschränken sich aufgrund der Kosten zumeist auf das absolute Minimum, Bilder werden selten und dann in mangelnder Qualität abgedruckt. Laien müssen sich die branchenüblichen Abkürzungen erst langwierig erarbeiten, die Suche nach der Traumimmobilie wird zum deprimierenden Langstreckenmarathon.

OBJEKTSCHILDER

In Zeitungsanzeigen verschleiert der Makler die Adresse der Immobilie zumeist, um bei einem Allgemeinauftrag die Konkurrenz von anderen Maklern zu vermeiden. Das genaue Gegenteil bieten Objektschilder, die der Makler direkt vor dem Objekt aufstellt. So werden auch Kunden angesprochen, die nicht aktiv auf der Suche nach Immobilien sind. Diese können vor Ort die Lage und das Haus erkunden und verbinden so im Idealfall gleich eine Emotion damit. Objektschilder geben jedoch selten wichtige Informationen bekannt, wie beispielsweise Zimmeranzahl, Baujahr und den Preis einer Immobilie. Auch hier muss der Interessent den Umweg über den Makler zum Eigentümer nehmen.

82,9%
als Vermarktungskanal
für Immobilien

MAKLER-WEBSITES

Durch die Verbreitung des Internets hat sich eine einfache, kostengünstige und effektive Alternative zu Zeitungsanzeigen und Objektschildern etabliert: die eigene Homepage eines Maklers. Hier kann der Makler seine Objekte ausführlich und mit ansprechendem Bildmaterial vorstellen und gestaltet so die Immobiliensuche emotionaler, als dies mit einer Zeitungsannonce möglich wäre. Aufgrund der Marktführerschaft von Google in Deutschland wenden sich auch Makler verstärkt an Experten für **Search Engine Optimization (SEO)**, um ihre Website bei Google auf den vorderen Plätzen zu platzieren. Darüber hinaus platzieren Makler, die Soziale Medien nutzen, Links zu den entsprechenden Profilen auf ihrer Seite, um sich im Idealfall gleich mit Interessenten zu vernetzen.

85,7%
als Vermarktungskanal
für Immobilien

98,2%

als Vermarktungskanal
für Immobilien

ONLINEPORTALE

Wenn ein Kunde heutzutage eine Immobilie sucht, steuert er mit hoher Wahrscheinlichkeit eines der großen Immobilienportale im Internet an. Mit minimalem Aufwand und der Auswahl der passenden Kriterien kann er die Auswahl direkt auf sich zuschneiden lassen. Das Quasi-Monopol dieser Onlineportale sorgt dafür, dass die meisten Anbieter nicht an ihnen vorbeikommen, wenn sie wettbewerbsfähig bleiben wollen. Für den Kunden hat dies einen erheblichen Vorteil: Er kann auf eine riesige Auswahl an Immobilien zugreifen. Nach der Filterung nach Ort, Preis und Größe werden die Suchergebnisse den Nutzern dann in einer nüchternen Tabellenansicht präsentiert. Auch die Exposés müssen sich dem Layout der Seite anpassen, Bilder und vollständige Informationen sind jedoch eine Selbstverständlichkeit.

SO NUTZEN MAKLER SOCIAL-MEDIA-PORTALE

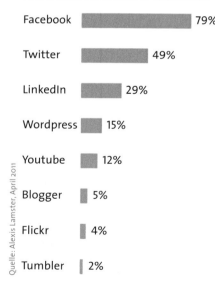

Facebook 79%

Twitter 49%

LinkedIn 29%

Wordpress 15%

Youtube 12%

Blogger 5%

Flickr 4%

Tumbler 2%

Quelle: Alexis Lamster, April 2011

EMPFEHLUNGSMARKETING ÜBER SOZIALE MEDIEN

Die Vermittlung von passenden Immobilien und Lagen findet immer mehr über direkte Empfehlungen von Freunden und Freundesfreunden über Soziale Medien statt. Nutzer mit großen Freundeskreisen lesen regelmäßig Sätze wie „Suche eine Loft-Wohnung in Berlin-Mitte" oder „Kennt jemand einen Nachmieter für mein Büro in der Schanze?". Wer dann Suchende und Anbietende zusammenführt, wird in seinem Freundeskreis schnell als kostenloser und zuverlässiger Vermittler bekannt, herkömmliche Wege werden übersprungen. Professionelle Makler, die diesen Trend erkannt haben und nutzen wollen, vernetzen sich in den Sozialen Medien und lassen sich von ihren Freunden kontaktieren, sobald diese solche Nachrichten lesen.

GESCHLOSSENE ONLINE-PORTALE

Seit 2010 lässt sich ein spannender Trend innerhalb der Internetwirtschaft erkennen, der auch mehr und mehr die professionelle Immobilienwirtschaft verändern wird. Es handelt sich um Online-Marktplätze für geschlossene Nutzergruppen, auf denen große Investment- und Immobiliendeals angebahnt und abgeschlossen werden. Alle Plattformen haben dabei folgende Merkmale gemeinsam:

- Geschlossene Marktplätze, Teilnahme nur auf Einladung

- Hohe Sicherheit und Anonymität der Daten und Personen

- Nutzung aller Online- und Social-Media-Technologien für die eigenen Zwecke

Nachfolgend finden Sie die Beschreibung von vier interessanten Ansätzen.

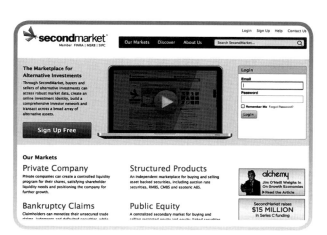

Secondmarket ist ein geschlossener Marktplatz für nicht-börsennotierte Investments wie zum Beispiel private Unternehmensanteile, notleidende Finanztitel und ganze Unternehmen. Über Secondmarket werden u.a. die Facebook-Anteile sowie die gesamten Lehman-Forderungen gehandelt. Das gehandelte Volumen beträgt mehrere Milliarden Dollar und wird von über 50.000 Kunden genutzt (Stand 11/11).

www.secondmarket.com

Fundingcircle ist eine Vergabeplattform für Firmendarlehen. Privatpersonen schließen sich zu Gruppen zusammen und vergeben zusammen Kredite an Unternehmen. Fundingcircle übernimmt das Matching und die Abwicklung.

www.fundingcircle.co.uk

Seedmatch ist eine Gründung aus Deutschland. Über Seedmatch können sich Privatpersonen mit kleinen Beträgen an jungen Unternehmen beteiligen. Die Unternehmen können so über viele kleine Investoren Eigenkapital einsammeln. Seedmatch übernimmt das Matching und die Abwicklung.

www.seedmatch.de

CommercialNetwork ist der geschlossene Online-Marktplatz für Immobilien-Investments von Immobilien-Scout24. Über diesen Marktplatz können Immobilienunternehmen Gewerbe- und Wohnobjekte kaufen und verkaufen. CommercialNetwork übernimmt das Matching und die Deal-Vermittlung.

www.commercialnetwork.de

Wie funktioniert CommercialNetwork.de genau?

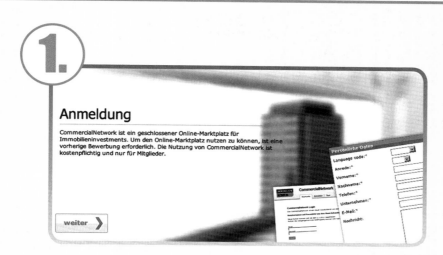

Anmeldung

CommercialNetwork ist ein geschlossener Online-Marktplatz für Immobilieninvestments. Um den Online-Marktplatz nutzen zu können, ist eine vorherige Bewerbung erforderlich. Die Nutzung von CommercialNetwork ist kostenpflichtig und ausschließlich Mitgliedern vorbehalten.

Objekte und Ankaufsprofile einstellen

Im ersten Schritt stellen die Mitglieder Ihre detaillierten Objekt- und Ankaufsprofile anonym bei CommercialNetwork ein. Jedes Objekt und Ankaufsprofil wird vom CommercialNetwork-Team überprüft und anschließend freigeschaltet.

Systemgenerierte Vorschläge einsehen
Nach erfolgreicher Freischaltung werden den Anbietern von Immobilien passende Investoren vorgeschlagen. Der Anbieter sieht in einer Übersicht das vollständige Ankaufsprofil sowie den Firmennamen des Investors.

Kontaktaufnahme
Anbieter können nun Investoren selektiv kontaktieren. Nach diesem ersten Kontakt sehen die Investoren ausschließlich das limitierte Exposé. Dieses Exposé beinhaltet nur die Basiskennzahlen des Objekts ohne Anschrift. Investoren können ausschließlich von Anbietern freigegebene limitierte Exposés einsehen.

5. Stufenweise Freischaltung der Objektdaten

Hat ein potentieller Investor nach der erfolgreichen Kontaktaufnahme zum Anbieter sein Kaufinteresse bekräftigt, entscheidet der Anbieter, ob er das vollständige Exposé mit vollständiger Objektadresse, Ansichten sowie erweiternden Objektinformationen freigeben möchte.

Nach Übermittlung der vollständigen Objektdaten an den Kaufinteressenten nehmen Anbieter und Investor direkte Vertragsverhandlungen auf.

‹ zum Anfang ›

KAP. III.6

Stufenweise Freischaltung der Objektdaten
Hat ein potenzieller Investor nach der erfolgreichen Kontaktaufnahme zum Anbieter sein Kaufinteresse bekräftigt, entscheidet der Anbieter, ob er das vollständige Exposé mit vollständiger Objektadresse, Ansichten sowie erweiterten Objektinformationen freigeben möchte. Nach Übermittlung der vollständigen Objektdaten an den Kaufinteressenten nehmen Anbieter und Investor direkte Vertragsverhandlungen auf.

UMFRAGE:
DIGITALE TRENDS IN DER IMMOBILIEN- INVESTMENTBRANCHE

Vom 28. Juni bis zum 3. August 2011 hat mindline energy 150 Vertreter von deutschen und englischen Unternehmen, die Immobilien-Investmentobjekte ab 5 Millionen Euro vermarkten, zu digitalen Trends in der Immobilien-Investmentbranche befragt. Für 44 Prozent der Unternehmen aus Großbritannien war der deutsche Markt für Immobilieninvestments von Interesse.

64 Prozent der deutschen und sogar 76 Prozent der britischen Unternehmen nutzen Online-Vermarktungskanäle für den Verkauf. Während jedoch in Deutschland vornehmlich die firmeneigene Homepage (48%) und Immobilienportale (30%) deutlich seltener genutzt werden, verwenden britische Unternehmen neben der eigenen Homepage (57%) Immobilienportale deutlich stärker (54%) und setzen auch mehr auf Internetangebote von Fachzeitschriften (28%) und auf Soziale Netzwerke (24%).

Online-Vermarktungskanäle werden für den Ankauf etwas verhaltener genutzt als für den Verkauf: 54 Prozent der deutschen und 64 Prozent der britischen Unternehmen nutzen sie für den Ankauf. Während in Deutschland jedoch die eigene Homepage mit 41 Prozent klar vor den Immobilienportalen (30%) rangiert, werden in Großbritannien Immobilienportale am häufigsten eingesetzt (58%), erst danach folgt die Firmenhomepage mit 42 Prozent.

Die Tatsache, dass man in Großbritannien Online-Vermarktungskanälen deutlich offener begegnet als in Deutschland, zeigt sich auch bei der Frage, ob es bestimm-

VERMARKTUNGSMÖGLICHKEITEN IM INTERNET, DIE FÜR DEN VERKAUF VON INVESTMENT-IMMOBILIEN GENUTZT WERDEN...

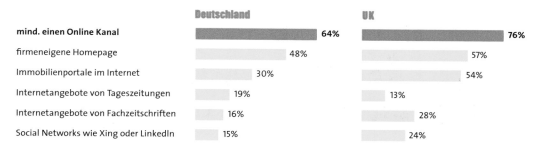

	Deutschland	UK
mind. einen Online Kanal	64%	76%
firmeneigene Homepage	48%	57%
Immobilienportale im Internet	30%	54%
Internetangebote von Tageszeitungen	19%	13%
Internetangebote von Fachzeitschriften	16%	28%
Social Networks wie Xing oder LinkedIn	15%	24%

SUCHMÖGLICHKEITEN IM INTERNET, DIE FÜR DEN ANKAUF VON INVESTMENT-IMMOBILIEN GENUTZT WERDEN...

	Deutschland	UK
mind. einen Online Kanal	54%	64%
firmeneigene Homepage	41%	42%
Immobilienportale im Internet	30%	58%
Internetangebote von Tageszeitungen	20%	14%
Internetangebote von Fachzeitschriften	19%	26%
Social Networks wie Xing oder LinkedIn	16%	16%

NUTZUNG DES INTERNETS FÜR VERMARKTUNG VON IMMOBILIEN-INVESTMENTPROJEKTEN BEI VOLUMEN VON...

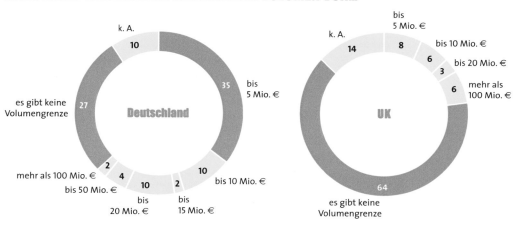

te Volumengrenzen für die Vermarktung von Immobilien-Investmentobjekten über das Internet gebe: Für zwei Drittel der britischen Investoren, die das Internet einsetzen, gibt es keinerlei Volumengrenzen, während gut die Hälfte der deutschen Investoren die Grenze bei Objekten bis 20 Mio. Euro sieht.

Während in Deutschland aktuell nur 22 Prozent der Objekte über das Internet vermarktet werden, sind es in Großbritannien immerhin schon 46 Prozent. Insbesondere bei Immobilienunternehmen liegt der Anteil mit 36 Prozent besonders hoch.

> In UK werden bereits 46% der Investmentimmobilien über das Internet vermarktet. In Deutschland sind es nur 22%.

Wenngleich deutsche Investoren das Internet weniger stark als Vermarktungskanal nutzen, spielt es als Informationsquelle doch eine größere Rolle als in Großbritannien: 85 Prozent der deutschen Unternehmen nutzen das Internet zur Markteinschätzung von Immobilien-Investmentobjekten, in Großbritannien sind es hingegen „nur" 74 Prozent.

> 85% der deutschen Unternehmen nutzen das Internet zur Markteinschätzung von Immobilien-Investmentobjekten.

Auffällig ist, dass deutsche Investoren vor allem Marktberichte/Studien im Internet häufiger nutzen als Unternehmen aus UK (57% vs. 30%): Hierbei geht es vor allem um Marktberichte von Maklern, aber auch um öffentliche Informationsquellen und Publikationen. Auch Immobiliendatenbanken (z.B. IS24) nutzen Investoren aus Deutschland deutlich stärker als britische Investoren (32% vs. 16%). Die Online-Ausgabe der „Immobilien Zeitung" liest knapp jeder dritte deutsche Investor, während in UK „Focus" besonders beliebt ist (16%). Google wird als Rechercheinstrument von fast einem Viertel der deutschen Investoren eingesetzt, in UK sind es nur 16 Prozent.

Die übergroße Mehrheit der Befragten ist der Meinung, dass Informationsquellen im Internet die Transparenz im Immobilien-Investmentmarkt steigern. „Sehr stark" unterstützen diese Aussage in Deutschland 54 Prozent, in UK 36 Prozent der Befragten. Vor allem bei Fonds wird die Bedeutung des Internets für die Steigerung der Markttransparenz stark betont.

Besonderen Bedarf zeigen die Befragten in Bezug auf Markt-/Standortanalysen (27% vs. 10%). Vor allem deutsche Unternehmen wünschen sich zudem Preisdatenbanken, auf die sie online zugreifen können (8% vs. 2%)

> Online-Netzwerke sind in UK fester Bestandteil der Arbeit von Immobilienprofis.

Online-Netzwerke werden von Investoren aus UK deutlich stärker genutzt, als dies in Deutschland der Fall ist (40% vs. 58%). Während die deutschen Unternehmen meist

DER DURCHSCHNITTLICHE ANTEIL DER IMMOBILIEN-INVESTMENTOBJEKTE, DIE ÜBER DAS INTERNET VERMARKTET WERDEN, BETRÄGT...

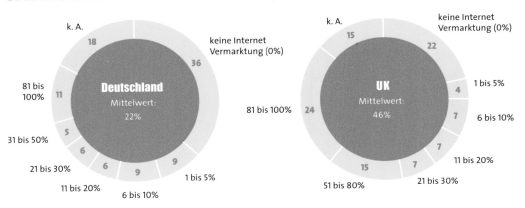

INFORMATIONSQUELLEN IM INTERNET, DIE ZUR MARKTEINSCHÄTZUNG VON IMMOBILIEN-INVESTMENTOBJEKTEN GENUTZT WERDEN...

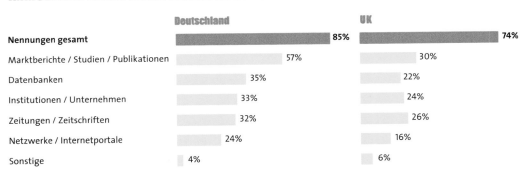

	Deutschland	UK
Nennungen gesamt	85%	74%
Marktberichte / Studien / Publikationen	57%	30%
Datenbanken	35%	22%
Institutionen / Unternehmen	33%	24%
Zeitungen / Zeitschriften	32%	26%
Netzwerke / Internetportale	24%	16%
Sonstige	4%	6%

ONLINE-MEDIEN, DIE ZUR MARKTEINSCHÄTZUNG VON IMMOBILIEN-INVESTMENTOBJEKTEN GENUTZT WERDEN...

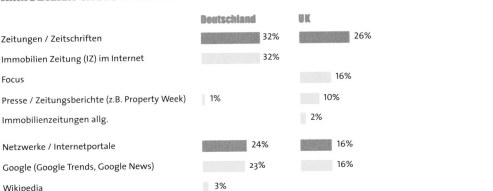

	Deutschland	UK
Zeitungen / Zeitschriften	32%	26%
Immobilien Zeitung (IZ) im Internet	32%	
Focus		16%
Presse / Zeitungsberichte (z.B. Property Week)	1%	10%
Immobilienzeitungen allg.		2%
Netzwerke / Internetportale	24%	16%
Google (Google Trends, Google News)	23%	16%
Wikipedia	3%	

113

Xing nutzen (34%), wird in UK LinkedIn stark präferiert (48%). Soziale Netzwerke wie Facebook oder Twitter spielen für die Arbeit von Investmentunternehmen keine oder nur eine untergeordnete Rolle.

91 Prozent der deutschen und 98 Prozent der britischen Investoren nutzen mobile Endgeräte im Rahmen ihrer täglichen Arbeit: Mit 64 bzw. 74 Prozent ist das Blackberry an der Spitze des Rankings genutzter Endgeräte, gefolgt vom iPhone (jeweils 34%) und anderen Smartphones (13% vs. 8%). Die Nutzung von iPads ist bereits Bestandteil der Arbeit von Immobilienunternehmen. In Deutschland nutzen 12% Smarttablets zur Vermarktung von Immobilien und für die täglich Arbeit.

STEIGERN INFORMATIONSQUELLEN IM INTERNET DIE TRANSPARENZ IM IMMOBILIEN-INVESTMENTMARKT

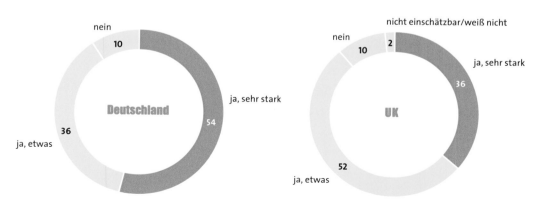

FÜR DIE BEWERTUNG VON IMMOBILIEN-INVSTMENTOBJEKTEN WERDEN FOLGENDE ONLINE-INFORMATIONEN ODER RECHERCHEINSTRUMENTE GEWÜNSCHT...

	Deutschland	UK
Nennungen gesamt	48%	2%
Markt-/Standortanalysen/Studien	27%	10%
Sonstige	11%	6%
Datenbanken	10%	4%
Transaktionen	5%	2%

NUTZUNG FOLGENDER ONLINE-NETZWERKE IM BERUFSALLTAG...

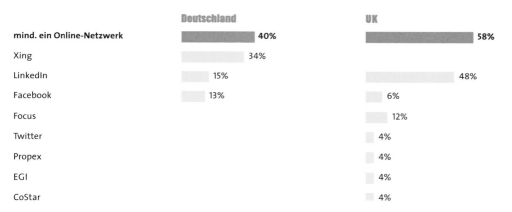

	Deutschland	UK
mind. ein Online-Netzwerk	40%	58%
Xing	34%	
LinkedIn	15%	48%
Facebook	13%	6%
Focus		12%
Twitter		4%
Propex		4%
EGI		4%
CoStar		4%

NUTZUNG MOBILER ENDGERÄTE IM BERUFSALLTAG...

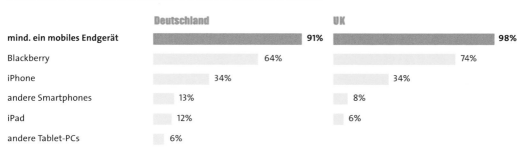

	Deutschland	UK
mind. ein mobiles Endgerät	91%	98%
Blackberry	64%	74%
iPhone	34%	34%
andere Smartphones	13%	8%
iPad	12%	6%
andere Tablet-PCs	6%	

Platzhirsche – alternativlos?

In Deutschland beherrschen drei Portale den digitalen Immobilienmarkt: ImmobilienScout24, Immonet und Immowelt. Diese Drei ruhen sich auf ihrem Quasi-Monopol aus und hemmen Innovationen in einer ganzen Branche. Luxus- und Designimmobilien finden Interessierte nur mühsam, der Investmentbereich ist kaum vertreten. Makler, Besitzer und Käufer sehnen sich nach Alternativen mit Service und Relevanz. Dank großer Netzwerke werden Freunde zu Vermittlern via Facebook und helfen bei der Entscheidung. Frische Ideen erreichen die breite Masse über die Sozialen Medien.

Das Internet ist emotional

Das Smartnet ist kein vorübergehender Trend, sondern Alltag. Dank besserer Touchscreens fassen wir die Inhalte an, fächern sie auf und stoßen sie weg, anstatt sie nur zu sehen. Der Surfer nutzt Inhalte nicht mehr, er erlebt sie emotional. Bilder, Videos, Animationen und kurze Texte verdichten Botschaften und erreichen den Nutzer schneller als normale Informationen.

Der Kunde will finden, nicht suchen

Suchmaschinen wie Google erstellen für ihre Nutzer spezielle Profile und richten ihre Anzeigen danach aus. Durch die direkte Ansprache von Zielgruppen und Social Commerce bieten Unternehmen ihren Kunden genau die Produkte an, die sie mit relativ hoher Wahrscheinlichkeit kaufen werden. Internetnutzer, die maßgeschneiderte Angebote gewohnt sind, erwarten das auch bei Immobilien und wollen sich nicht durch seitenlange Listen quälen.

Probieren geht über studieren

Bei der Vermarktung von „Standardimmobilien" gibt es derzeit keine Alternative zu den drei Platzhirschen. Neue Ideen für Nischenimmobilien können Ihnen aber mehr Erfolg bringen: Für Studentenwohnungen ist Facebook ideal, Interessenten für Investmentimmobilien finden sich in geschlossenen Netzwerken wie CommercialNetwork oder bei LinkedIn. Für Luxus- und Designimmobilien bieten sich kleinere Marktplätze oder Internetseiten von Medien an, die die Zielgruppe häufig benutzt. Ein Profil bei exklusiven Netzwerken wie ASmall-World hilft Ihnen, Objekte in Metropolen oder Luxusimmobilien zu vermitteln.

Immobilien erlebbar machen

Die Immobilienbranche lebt von der emotionalen Entscheidung eines Kunden – entweder das Objekt passt oder der Bauch spricht dagegen. Nutzen Sie hierfür das Gefühl und die Optik des Smartnets. Setzen Sie gerade bei Neubauprojekten auf das richtige Gefühl bei den potenziellen Käufern: Hochwertige Animationen, Videos und Panoramaansichten helfen dabei. Verbinden Sie die Lageinformation Ihrer Objekte mit Google Streetview und ergänzenden Social-Media-Informationen, um anerkennenden Zuspruch von Ihren Freunden zu kriegen. Aber achten Sie darauf, dass die Präsentation auch attraktiv ist.

Best Match – Best Deal

Lernen Sie Ihre Käufer und Mieter besser kennen. Wenn Sie wissen, was Ihre Zielgruppe bewegt, fühlen sich Ihre Kunden verstanden. Erstellen Sie dafür systematisch Anmiet- und Ankaufsprofile. Fragen Sie gezielt beim Kundengespräch nach und nutzen Sie emotionale Tests wie Living Lifestyle. Anhand dieser Daten können Sie das Traumobjekt schneller finden und ersparen sich und dem Kunden nervtötenden Zeitaufwand. Ist der Kunde beim Vertragsabschluss zufrieden, wird er Sie weiterempfehlen.

Die Handlungsvorschläge bauen pro Kapitel aufeinander auf. Die Vorschläge lassen sich so schrittweise
erweitern und geben als Gesamtes ein Kommunikationskonzept für die Vermarktung von Immobilien
und von Immobilienunternehmen vor – am Beispiel
eines Neubauprojektes.

19. Machen Sie mit einem Objekt den Anfang. Stellen Sie Ihr Exposé auf möglichst allen kostenpflichtigen und kostenlosen Online-Börsen sowie auf
Ihren Social-Media-Seiten ein.

20. Geben Sie sich bei der Gestaltung und den Inhalten des Exposés überdurchschnittlich viel Mühe. Beauftragen Sie ggf. einen Grafiker.

21. Werten Sie die Ergebnisse der einzelnen Einstellungen sehr genau aus.
Betrachten Sie dabei folgende Kennzahlen: Exposé-Aufrufe, Aufrufe der
Multimedia-Inhalte, Aufrufe der Links, Kontaktanfragen, Besichtigungs-
termine aus den Kontaktanfragen.

22. Schauen Sie sich Ihre Prozesse online und mobile dabei genau an. Werten
Sie die Ergebnisse aus und nutzen Sie sie zur Optimierung der Prozesse.

23. Richten Sie sich für das Objekt eine eigene Google-Map an. Beschreiben
Sie die Lagen innerhalb der Map sehr genau. Nutzen Sie ebenfalls die
Google-Streetview-Ansichten.

24. Stellen Sie alle Fotos auf panoramio.com ein. Verlinken Sie die Bilder mit
Ihrer Google-Map.

25. Stellen Sie alle Videos auf YouTube ein. Verlinken Sie die Videos mit Ihrer
Google-Map.

→ Seite 95
Living-Lifestyle-Test

26. Erstellen Sie einen eigenen Living-Lifestyle-Test mit einer eigenen Auswahl von Bildern.

27. Bieten Sie den Test Ihren Nutzern und Kunden an.

28. Sammeln Sie ergänzend Anmiet- und Ankaufsprofile.

29. Bieten Sie diesen Kunden nur passende Objekte an.

30. Testen Sie Commercial Network oder vergleichbare Online-Marktplätze
für Ihre Investmentimmobilien.

KAPITEL 4

IHR PERSÖNLICHER LEITFADEN: IMMOBILIENVERMARKTUNG MIT SOZIALEN MEDIEN, SCHRITT FÜR SCHRITT

121

ZIELGRUPPEN

Wohnen Bestandsimmobilien

Mieter und Käufer von Bestandsimmobilien sind meistens im Alter zwischen 18 und 45 Jahren. Für sie ist das Internet ein ebenso selbstverständlicher Teil ihres Lebens wie Soziale Medien. Smartphones sind gerade bei den jüngeren Kunden verbreitet.

Wohnen Neubauprojekte

Käufer von Neubauprojekten in Städten ab 250.000 Einwohnern im Alter zwischen 30 und 45 Jahren nutzen das Internet und die Sozialen Medien zumeist täglich für ihre Arbeit. Potenzielle Kunden für Design- und Luxusobjekte sind intensive Nutzer von Smartphones und Tablets, welche ein wichtiger Vermarktungskanal für Makler sind.

Gewerbeimmobilien

Existenzgründer und Unternehmer der kreativen Berufe in Städten ab 500.000 Einwohner sind sehr gut in Sozialen Netzwerken wie Facebook, Xing oder LinkedIn vernetzt. Sie nutzen diese Kanäle intensiv in ihrem Geschäftsalltag.

Immobilien-Investments

Eigentümer und Investoren sind selten in öffentlichen Netzwerken vertreten, nutzen aber dennoch das Internet. Hoch im Kurs liegen bei ihnen digitale Datenräume und geschlossene Online-Marktplätze wie CommercialNetwork von ImmobilienScout24. Smartphones wie Blackberry und iPhone sind ihre Lieblingsgeräte.

124

So könnte Ihr Kommunikationsmix aussehen

Zielgruppe	Zielbeispiele	Medienmix (Auszug)
Mieter und Käufer von Bestandsimmobilien im Alter zwischen 18 und 45 Jahren	Die Anfragen in den Punkten „Verkauf" und „Vermietung" auf der eigenen Homepage sollen sich innerhalb von 6 Monaten um 30% erhöhen.	**Eigene Printunterlagen** Prominenter Hinweis auf Homepage und Facebook-Fanpage in eigenen Broschüren und Printanzeigen. **Facebook** Einrichtung und Kommunikation einer Facebook-Fanpage inkl. Such-App von ImmobilienScout24 oder Immonet oder Immowelt. **Online-Immobilienportale** Prominente Hinweise auf die eigene Homepage und die Facebook-Fanpage innerhalb der Anzeigen.

133

WIE FÜHRT MAN EINEN AGENTUR-PITCH DURCH?

Die Beauftragung einer Agentur ist oft ein Mix aus Kopf- und Bauchentscheidung. Man sollte aber die folgenden Schritte gehen, um sich mittel- bis langfristig an eine Agentur zu binden

1.

Erstellen Sie einen genauen und konkreten Anforderungsprofil:
» Welche Leistungen sollen vergeben werden?
» Mit welchem Zeitaufwand wird gerechnet?
» Welche Anforderungen muss die Agentur erfüllen?
» Was sind Ausschlusskriterien?

2.

Laden Sie zwei bis drei Agenturen zum Pitch ein.

3.

Lassen Sie sich die Konzepte und Entwürfe persönlich präsentieren.
Machen Sie es in den Räumlichkeiten der Agentur!

5.

Entscheiden Sie sich für die richtige Agentur:
» Welche Agentur hat die besten Ideen präsentiert?
» Welche Agentur versteht meinen Markt, meine Kunden am besten?
» Welche Agentur hat ein konkretes Angebot abgegeben?

134

10 GOLDENE REGELN

1.

Lassen Sie niemanden über Leichen stolpern

Starten Sie niemals eine Facebook-Fanpage, einen Blog oder eine andere Aktivität in den Sozialen Medien, ohne einen festen Redaktionsplan aufzustellen. Benennen Sie einen Mitarbeiter, der sich täglich darum kümmert. Inaktive und ungepflegte Seiten sind schädlich für das Image des ganzen Unternehmens. Und sie wissen ja, das Internet vergisst nie.

2.

Machen Sie nicht alles mit, aber halten Sie die Augen offen

Apps für iPhone und iPad müssen professionell aussehen und besondere Inhalte bieten. Ohne gut aufbereitete Inhalte, Bilder, Videos und im Extra-Feature, wie zum Beispiel eine multimediale Near-by-Suche, bringt eine App niemandem etwas – Ihnen am wenigsten. Investieren Sie ihr Geld lieber anderweitig, beispielsweise in die eigene Homepage.

6.

Rennen Sie nicht mit dem Kopf durch die Wand

Mehr Inhalte, die Ihren Nutzern wirklich nützen - weniger Werbung in eigener Sache. Ihre Nutzer werden es Ihnen danken und Sie weiterempfehlen, wenn Sie spannende Inhalte und Fakten veröffentlichen. Achten Sie auf einen ausgewogenen Mix aus unkommerziellen Inhalten und Werbung in eigener Sache.

7.

Große Netzwerke verlangen große Verantwortung

Im Internet und vor allem in Sozialen Netzwerken müssen Sie sich erst ein Renommee erarbeiten. Sie müssen Ihre Nutzer davon überzeugen, dass sie ihr Fach und die digitale Kommunikation verstehen. Erst dann werden Ihre Fans auf Sie hören – und dies gerne tun.

I. ZIELE UND ZIELGRUPPEN

INTERNETNUTZUNG NACH BILDUNG

2010

Schüler	97,5%
Volks-/Haupt-schule	56,6%
weiterbild. Schule	76,2%
Abitur/Studium	88,8%

2011

Schüler	97,7%
Volks-/Haupt-schule	60,5%
weiterbild. Schule	78,8%
Abitur/Studium	90,2%

(N)ONLINER Atlas der Initiative D21, November 2011

Nachdem Sie in den vorangegangenen Kapiteln über die Entwicklungen und Trends der digitalen Kommunikationswelt ausführlich lesen konnten, erhalten Sie im diesem Kapitel die nötigen Tipps und Instrumente an die Hand, um selber digital aktiv werden zu können. Wenn Sie Hals über Kopf in die Sozialen Medien stürzen, können Sie mehr Unheil anrichten, als Ihnen lieb ist. Planen Sie Ihren Eintritt Schritt für Schritt, dieser Leitfaden wird Ihnen dabei behilflich sein.

Bevor Sie eine digitale Kommunikationsstrategie planen und umsetzen, analysieren Sie zuerst Ihren aktuellen Kundenstamm. In welche Zielgruppe ordnen Sie diesen ein? Vielleicht möchten Sie auch eine neue Zielgruppe erreichen und müssen Ihre Produktpalette erweitern. Im nächsten Schritt wenden Sie sich dem Verhalten dieser Zielgruppen zu: Wollen Sie Ihre bisherige Zielgruppe digital ansprechen oder wollen Sie mithilfe der Sozialen Medien neue Zielgruppen erreichen und damit Kunden gewinnen? Wenn ja, welche?

Folgende Fragen sollten Sie sich konkret stellen:

- Wer sind meine aktuellen Kunden und zu welchen Zielgruppen gehören sie?
- Wie aktiv sind diese Zielgruppen im Internet, in den Sozialen Medien und im Smartnet?
- Welche neuen Zielgruppen (mit welchen neuen Produkten und Dienstleistungen) möchte ich online erreichen und als Kunden mittel- und langfristig gewinnen?

In der Immobilienbranche bietet sich eine Einteilung der Zielgruppen und deren aktuelle Internetaffinität nach folgenden Immobilienarten an: **Wohnen Bestandsimmobilien**, **Wohnen Neubauprojekte**, **Gewerbeimmobilien**, **Immobilien-Investments**

ZIELGRUPPEN

Wohnen Bestandsimmobilien

Mieter und Käufer von Bestandsimmobilien sind meistens im Alter zwischen 18 und 45 Jahren. Für sie ist das Internet ein ebenso selbstverständlicher Teil ihres Lebens wie Soziale Medien. Smartphones sind gerade bei den jüngeren Kunden verbreitet.

Wohnen Neubauprojekte

Käufer von Neubauprojekten in Städten ab 250.000 Einwohnern im Alter zwischen 30 und 45 Jahren nutzen das Internet und die Sozialen Medien zumeist täglich für ihre Arbeit. Potenzielle Kunden für Design- und Luxusobjekte sind intensive Nutzer von Smartphones und Tablets, welche ein wichtiger Vermarktungskanal für Makler sind.

Gewerbeimmobilien

Existenzgründer und Unternehmer der kreativen Berufe in Städten ab 500.000 Einwohner sind sehr gut in Sozialen Netzwerken wie Facebook, Xing oder LinkedIn vernetzt. Sie nutzen diese Kanäle intensiv in ihrem Geschäftsalltag.

Immobilien-Investments

Eigentümer und Investoren sind selten in öffentlichen Netzwerken vertreten, nutzen aber dennoch das Internet. Hoch im Kurs liegen bei ihnen digitale Datenräume und geschlossene Online-Marktplätze wie CommercialNetwork von ImmobilienScout24. Smartphones wie Blackberry und iPhone sind ihre Lieblingsgeräte.

ZIELE

Sie müssen für Ihre Kommunikationsstrategie eindeutige Ziele festlegen, die Sie anhand feststehender Meilensteine überprüfen können. Formulieren Sie die Ziele kurz, prägnant und unkompliziert. Ihre Mitarbeiter und die engagierten Agenturen müssen sie verstehen und umsetzen können. Ein Beispiel für ein solches Ziel wäre etwa: „Mit Hilfe unserer iPhone App wollen wir Geschäftsleute aus den kreativen Berufen als neue Zielgruppen gewinnen. Bis Ende des Jahres wollen wir 10.000 Downloads erreichen. 10% der Nutzer sollen bis Jahresende über die App einen Termin mit unseren Maklern zum Beratungsgespräch vereinbaren."

Folgende Fragen sollten Sie sich konkret stellen:

- Welche Ziele verfolge ich mit meiner digitalen Kommunikationsstrategie kurz- (6 Monate), mittel- (18 Monate) und langfristig (24 Monate)?

- Wie kann ich unsere Ziele überprüfen, und in welchen Zeitabständen?
- Während der Umsetzung: Welche Ziele sind noch zu erreichen? Ist es erforderlich, Teilziele anzupassen? Welche Auswirkungen hat das auf die Gesamtziele?

Ergänzen die Ziele der digitalen Kommunikationsstrategie auch meine Unternehmensziele?

Als Beispiel sind hier **drei Metaziele** genannt. Dabei sollten Sie entsprechend den Metazielen folgende Überlegungen anstellen und Teilziele festlegen:

METAZIELE

1.
Aufbau einer (digitalen) Marke

- Diese Ziel können Sie nur langfristig angehen und erreichen.
- Ihre digitale Strategie muss sehr eng mit der gesamten Unternehmensstrategie abgestimmt sein.
- Die Basis bildet eine Internetseite, die technisch und grafisch auf dem neuesten Stand ist und für Smartphones und Tablets optimiert wurde.
- Eine aktive Kommunikation auf Plattformen wie Facebook, Twitter und passenden Online-Medienseiten ist unerlässlich.
- Eine Verbindung mit konventionellen Medien, wie Zeitungen und Magazinen, erhöht die Reichweite und somit die Erfolgschancen.
- Suchmaschinenoptimierung und Online-Marketing sind ebenso ein Muss wie Blogs, Videos und ansprechende Fotos.
- Eine virale Werbekampagne muss sorgfältig geplant werden, Kreativität gilt es vor allem bei geringen Budgets an den Tag zu legen.

2.
Erhöhung des Absatzes über digitale Kanäle

- Bei der Vermarktung von Immobilien führt aktuell noch kein Weg an Immobilien-Scout24, Immonet und Immowelt vorbei.
- Nutzen Sie zusätzlich und vermehrt Facebook, Xing/LinkedIn sowie die eigene Homepage mit integrierten Suchtools.
- Überzeugen Sie ihre Kunden mit guten Bildern und Videos sowie relevanten Informationen zur Lage.
- Die Einbindung und Vorstellung der Immobilien über Google Maps und Streetview weckt Emotionen.

3.
Kommunikation mit den Stakeholdern über digitale Medien

- Fan-Seiten auf Facebook sind für eine direkte Kommunikation gut nutzbar.
- Gruppen auf Xing/LinkedIn erhöhen ebenfalls die Reichweite.
- Richten Sie einen Newsletter ein und aktualisieren Sie ihn stetig.

ERSTELLEN SIE SICH EINE EIGENE ZIELGRUPPEN-TABELLE:

Frage	Gruppen	Aktuelle Online-Affinität	Online-Affinität in 3 bis 5 Jahren
Ihre Immobilien-arten	☐ Wohnen Bestand	☐ Hoch	☐ Steigt an
	☐ Neubauprojekte	☐ Hoch	☐ Steigt rasant an
	☐ Gewerbeimmobilien	☐ Gering	☐ Steigt an
	☐ Investment-Immobilien	☐ Gering	☐ Steigt an
Aktuelle Kunden	☐ Kundengruppe 1...3	☐ Sehr gering	☐ Bleibt gleich
		☐ Gering	☐ Steigt an
		☐ Mittel	☐ Steigt rasant
		☐ Hoch	
		☐ Sehr hoch	
Neue Zielgruppen	☐ 18- bis 45-jährige Mieter in Top 10 Städten	☐ Sehr hoch	☐ Steigt an
	☐ 18- bis 45-jährige Mieter bundesweit	☐ Hoch	☐ Steigt rasant
	☐ 30- bis 45-jährigen Käufer in Top 6 Städten	☐ Sehr hoch	☐ Steigt an
	☐ 30- bis 45-jährige Käufer bundesweit	☐ Hoch	☐ Steigt rasant
	☐ Existenzgründer und Unternehmen der kreativen Berufe in Top 10 Städten	☐ Sehr hoch	☐ Steig an
	☐ Existenzgründer und Unternehmen der kreativen Berufe bundesweit	☐ Hoch	☐ Steigt an
	☐ ?	☐ Ihre Einschätzung	☐ Ihre Einschätzung

II. KOMMUNIKATIONSMIX

Sie haben Ihre Zielgruppen und die entsprechenden Ziele definiert. Nun müssen Sie einen Kommunikationsmix entwickeln, der diesem entspricht. Denn auch wenn die Verbreitung der Sozialen Medien stark voranschreitet, sind diese nur einer der möglichen Kanäle, um Ihre Kunden zu erreichen. Essenziell für Ihre zukünftigen Aktivitäten sind Kontakte und Beziehungen. Vernetzen Sie sich auf Facebook, Twitter, Xing, LinkedIn und Google+ aktiv mit Ihren Mitarbeitern, Partnerunternehmen, Kollegen und Medien. Pflegen Sie Ihre Kontakte regelmäßig, nehmen Sie sich dafür etwa eine Stunde pro Tag bewusst Zeit. Ein großes Netzwerk ist die Basis für eine erfolgreiche Kommunikation in den Sozialen Medien.

Folgende Fragen sollten Sie sich konkret stellen:

- Mit welchen digitalen Medien erreiche ich meine Zielgruppe?
- Muss ich mit Streuverlusten rechnen, wie kann ich diese minimieren?
- Welchen Inhalte und Dienstleistungen sprechen meine Zielgruppe an?
- Mit welchen Medien kann ich eine emotionale Bindung an mein Unternehmen bewirken?

NÜTZLICHE LINKS:
Social-Media-Planer
WWW. SOCIALMEDIAPLANNER.DE
Online-Traffic
WWW.ALEXA.COM

So könnte Ihr Kommunikationsmix aussehen

Zielgruppe	Zielbeispiele	Medienmix (Auszug)
Mieter und Käufer von Bestandsimmobilien im Alter zwischen 18 und 45 Jahren	Die Anfragen in den Punkten „Verkauf" und „Vermietung" auf der eigenen Homepage sollen sich innerhalb von 6 Monaten um 30% erhöhen.	**Eigene Printunterlagen** Prominenter Hinweis auf Homepage und Facebook-Fanpage in eigenen Broschüren und Printanzeigen. **Facebook** Einrichtung und Kommunikation einer Facebook-Fanpage inkl. Such-App von ImmobilienScout24 oder Immonet oder Immowelt. **Online-Immobilienportale** Prominente Hinweise auf die eigene Homepage und die Facebook-Fanpage innerhalb der Anzeigen.

Zielgruppe	Zielbeispiele	Medienmix (Auszug)
Käufer von Neubau-projekten im Alter zwischen 30 und 45 Jahren	50% eines Neubau-projekts in Berlin sollen über eine iPad-App und Emp-fehlungsmarketing vermarktet werden.	**Eigene iPad- und HTM5-App** Hier stellen Sie das Objekt ansprechend vor. Bieten Sie den Nutzern eine Empfehlungsfunk-tion und nutzen Sie die App, um Kunden direkt anzusprechen. **Eigene Medien** Weisen Sie auf die App in eigenen Broschüren, Printanzeigen, Homepage, Facebook-Fanpage hin. **Makler** Stellen Sie Maklern die App zur Verfügung, um sie bei der Vermarktung zu nutzen.
Existenzgründer und Unternehmer der kreativen Berufe	Der zukünftige Bedarf dieser Ziel-gruppe an Objekten soll online ermittelt werden, passende Objekte sollen Inte-ressenten direkt unterbreitet werden.	**Xing-App** Stoßen Sie mithilfe der Xing-App eine Umfrage innerhalb Ihrer Zielgruppe an. **Xing-Gruppe** Eröffnen Sie und moderieren Sie eine Gruppe auf Xing für diese Umfrage. **Online-Publikation** Veröffentlichen Sie die Ergebnisse der Umfrage als Online-Publikation und stellen Sie sie eigenen Kunden direkt zur Verfügung. **Eigene Medien** Weisen Sie auf Umfrage und Gruppe in eigenen Broschüren, Printanzeigen, auf der Homepage und der Facebook-Fanpage hin.
Investoren von Immobilien-Invest-ments (Objekte ab circa 5 Millionen Euro)	Wir wollen über die eigene Homepage Zugang zu den aktiven Investoren erhalten.	**Geschlossener Bereich** Integrieren Sie einen geschlossenen Bereich auf der eigenen Homepage. Bereiten Sie hier Objekt-, Finanz- und Lageinformationen detailliert auf. **CommercialNetwork** Stellen Sie ihr Objekt auf CommercialNetwork von ImmobilienScout24 ein.

BEWERTUNG FÜR BEZAHLTE WERBUNG*

Facebook

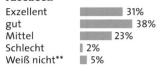

Exzellent	31%
gut	38%
Mittel	23%
Schlecht	2%
Weiß nicht**	5%

YouTube

Exzellent	16%
gut	30%
Mittel	16%
Schlecht	3%
Weiß nicht**	36%

Twitter

Exzellent	11%
gut	25%
Mittel	25%
Schlecht	5%
Weiß nicht **	33%

Linkedin

Exzellent	6%
gut	18%
Mittel	35%
Schlecht	3%
Weiß nicht**	38%

Foursquare

Exzellent	4%
gut	17%
Mittel	22%
Schlecht	5%
Weiß nicht**	53%

Myspace

Exzellent	1%
gut	4%
Mittel	16%
Schlecht	11%
Weiß nicht**	68%

*Auf ausgewählten Sozialen Netzwerken laut
US Vermarktern/Agenturen, Mai 2011
** weiß nicht/Nicht zutreffend

III. ZEIT- UND BUDGETPLAN

Wenn es um Soziale Medien geht, kommen nicht nur innerhalb der Immobilienwirtschaft immer wieder einige Vorurteile auf:

- Die Kommunikation über Soziale Medien ist sehr zeitaufwendig und teuer, der Nutzen ist nicht messbar.
- Apps für iPad und Smartphones sind nur etwas für die großen Immobilienunternehmen.
- Der virale Effekt macht einen über Nacht weltbekannt.

Solchen Klischees sollten Sie mit einer soliden Planung und regelmäßigen Ergebniskontrollen entgegentreten. Das ABC des Marketings gilt schließlich auch bei Kampagnen in den Sozialen Medien: Für jede Kommunikationsstrategie muss das Unternehmen einen verbindlichen Zeit- und Budgetplan beschließen. Die Verantwortlichen müssen den Plan intern so kommunizieren, dass jeder Mitarbeiter ihn versteht und seine Aufgabe kennt. Ohne diese Maßnahme ist jede Aktion zum Scheitern verurteilt. Planen Sie zudem kurz- und mittelfristige Meilensteine ein. So können Sie ihre Kampagne während der Laufzeit optimieren.

Starten Sie „klein". Testen Sie einzelne Maßnahmen und skalieren Sie die erfolgreichsten nach und nach hoch. Delegieren Sie die Aufgaben an Mitarbeiter, die mit Sozialen Medien vertraut sind. Bieten Sie Ihnen ansonsten mit genügend Zeit und Workshops Anreize, sich in die Materie einzuarbeiten.

Folgende Fragen sollten Sie sich konkret stellen:

- Was ist das Ziel meiner Kampagne?
- Welche Maßnahmen muss ich ergreifen?
- Was sind sinnvolle und überprüfbare Meilensteine?
- Wie viel Zeit und Geld kann ich investieren?
- Welchen Mitarbeitern weise ich diese Aufgaben zu?

Zeit- und Budgetplan

Kampagnenmodul 1

Sie möchten Studenten auf Wohnungssuche direkt über Facebook ansprechen. Dafür richten sie eine Fanpage auf Facebook ein, inklusive Such-App und Themengruppen.

Maßnahmen

Richten Sie eine Fanpage ein und aktualisieren Sie diese regelmäßig.

Binden Sie auf der Seite eine Such-App ein.

Richten Sie eine Themengruppe ein und moderieren Sie diese.

Bewerben Sie die Fanpage offline und über Facebook.

Zeitbudget

Einrichtung: 1 Mitarbeitertag einmalig
Pflege: 6 Mitarbeitertage pro Monat
Werbung: 2 Mitarbeitertage pro Monat

Finanzbudget

Einrichtung und Moderation: Mitarbeiterkosten

Such-App: Keine externen Kosten, wenn die Such-App von ImmobilienScout24, Immonet oder Immowelt verwendet wird; eigene Such-App: circa 2.000 Euro

Werbung: circa 1.000 Euro für Offline-Kommunikation und 500 Euro Facebook-Werbung

Kampagnenmodul 2

Zur Bewerbung ihrer Luxusimmobilien möchten Sie eine iPad-App als Image-magazin einrichten. Eine iPhone-App soll bequem über ein Immobilienprojekt informieren.

Maßnahmen

Programmieren Sie eine iPad-App als Image-magazin und pflegen Sie diese.

Programmieren Sie eine iPhone-App für ein Immobilienprojekt und pflegen Sie diese.

Bewerben Sie die jeweilige App sowohl offline als auch online.

Zeitbudget

Programmierung beider Apps:
30 Mitarbeitertage
Pflege: 8-10 Mitarbeitertage

Finanzbudget

Mitarbeiterkosten
Programmierkosten: circa 15.000 Euro (als Framework zum Beispiel ReSmart-Online 500 Euro pro Monat als Lizenz)

Werbung: circa 2.000 Euro für Offline-Kommunikation und 1.000 Euro Online-Werbung

Kampagnenmodul 3	Maßnahmen
Sie möchten mithilfe des Business-Netzwerks Xing eine Gruppe eröffnen und eine Umfrage starten, um Interessenten für Gewerbeimmobilien zu gewinnen.	Richten Sie Xing-Mitgliedschaften für drei Ihrer Mitarbeiter ein. Starten Sie eine Xing-Umfrage und moderieren Sie diese. Starten Sie eine Xing-Gruppe und moderieren Sie diese. Veröffentlichen Sie die Ergebnisse. Bewerben Sie die Ergebnisse der Umfrage und der Gruppendiskussionen.

Zeitbudget	Finanzbudget
Einrichtung, Moderation, Werbung: 10 Mitarbeitertage pro Monat gesamt	Mitarbeiterkosten Kosten für Mitgliedschaft: 216 Euro pro Jahr Online-Werbung auf Xing: circa 1.000 Euro pro Monat Ergebnisse veröffentlichen: einmalig circa 500 Euro

Kampagnenmodul 4	Maßnahmen
Sie wollen eine Investment-Immobilie über einen geschlossenen Online-Marktplatz vertreiben.	Richten Sie ein Konto auf www.commercialnetwork.de ein. Pflegen Sie Objekte und Ankaufsprofile ein. Bearbeiten Sie die Anfragen.

Zeitbudget	Finanzbudget
Einrichtung, Pflege, Bearbeitung: 2-4 Mitarbeitertage pro Monat	Mitarbeiterkosten Gebühr: 400 Euro pro Monat

IV. Geschäftsführer und Mitarbeiter

Agenturen und Berater können Sie bei der Ausarbeitung und der Umsetzung ihrer digitalen Kommunikationsstrategie unterstützen. Das wird aber nur erfolgreich funktionieren, wenn Sie das Wissen und Know-how Ihrer eigenen Mitarbeiter aufbauen und in regelmäßigen Abständen auffrischen. Investieren Sie in Ihre Mitarbeiter und leben Sie die digitale Begeisterung vor. Digitale Kommunikation gewinnt täglich an Bedeutung und kann in Ihrem Unternehmen nur erfolgreich werden, wenn sie von Ihnen zur Chef-Sache erklärt wird.

Folgende Ratschläge sollten Sie als Geschäftsführer und Vorgesetzter beachten:

- Als Vorgesetzter müssen Sie Ihren Mitarbeitern eine digitale Kommunikationsstrategie glaubhaft verkaufen. Das können Sie nur schaffen, wenn auch Sie sich ein bisschen mit den Social Media beschäftigt haben.

- Sie müssen nicht selber auf Facebook oder Twitter aktiv sein! Aber Sie sollten es sich mal live anschauen. Fragen Sie mal Ihre Kinder, Freunde oder aktive Kollegen. Vielleicht packt Sie dann selber das Virus.

- Recherchieren Sie. Zeitschriften wie Spiegel, Focus oder Managermagazine berichten regelmäßig über die Entwicklung der Sozialen Medien. Bleiben Sie am Ball, Informationen in diesem Bereich haben meistens kein hohes Haltbarkeitsdatum.

- Recherchieren Sie genau. In den Archiven der Immobilien Zeitung und des Immobilien Managers können Sie ihr Wissen im Bezug auf Immobilien erweitern und neue Ideen sammeln.

Folgende Ratschläge sollten Sie im Bezug auf Ihre Mitarbeiter und benötigte Posten beachten:

- Ernennen Sie einen Mitarbeiter mit hoher Kompetenz und Affinität zum Internet und Sozialen Medien zum „Chief of Social Media". Dieser Mitarbeiter ist auch für die Aus- und Weiterbildung der anderen Mitarbeiter verantwortlich.

- Ihre Kommunikationsmitarbeiter müssen sich sehr gut mit dem Thema auskennen. Analysieren Sie mit einem externen Berater das vorhandene Wissen und die Wissenslücken. Erstellen Sie für jeden Mitarbeiter einen

Was muss ein „Chief of Social Media" wissen und können?

- Bereits eigene Aktivitäten auf Sozialen Netzwerken
- Grundlegende Kenntnisse der Internet-Technologien
- Guter Überblick über etablierte und neue Online-Plattformen
- Hohe Bereitschaft andere Kollegen zu schulen

Weiterbildungsplan. Online-Learning und Learning by Doing bieten sich hier an.

- Ihre Vertriebsmitarbeiter müssen sich gut bei den Business-Netzwerken Xing/LinkedIn sowie mit Smartphone und Tablet auskennen. So können Sie neue Kunden gewinnen und begeistern. Wenn Ihre Mitarbeiter Facebook und Twitter verwenden, erhalten Sie einen weiteren Zugang zu privaten Kunden.

- Als Immobilienunternehmen müssen Sie keine eigenen Programmierer beschäftigen. Suchen Sie sich einen freien Programmierer und binden Sie ihn durch Mitspracherecht und regelmäßige Aufträge an Ihr Unternehmen.

- Ein guter Grafiker und Video-Medienmitarbeiter auf freier Basis kann Wunder bewirken. Nutzen Sie das. Die Ergebnisse werden Mitarbeiter und Sie motivieren und sichtbare Erfolge bringen.

Folgende Ratschläge sollten Sie als Vertriebsmitarbeiter/Makler beachten:

- Beantragen Sie ein iPad für Ihre Arbeit. Sie werden schnell damit umgehen können und es wird Ihnen gezielt bei Ihrer Vertriebstätigkeit helfen.

- Anfangs benötigen Sie nur das iPad und die kostenlose App iBooks. Hier können Sie Ihre PDF-Dateien abspeichern und vor Ort beim Kunden präsentieren.

- Kaufen Sie sich die iPad-Apps Keynote und Numbers. Hierüber können Sie schnell und einfach Präsentationen erstellen sowie vor Ort Berechnungen durchführen.

- Für die Aufnahme von Bildern und Videos steht Ihnen das iPad ebenfalls zur Seite.

- Ein Premiumkonto bei Xing bzw. LinkedIn ist nötig und sinnvoll. Hierüber können Sie mit anderen Maklern und Bauträgern Kontakt aufnehmen und Ihr Netzwerk erweitern.

- Eine Visitenkarten-Scan-App ist sehr sinnvoll. So können Sie sofort Visitenkarten einscannen und die Daten direkt in ihr Kontaktprogramm mit Anmerkungen speichern.

Folgende Ratschläge sollten Sie als Online-/Social-Media-Beauftragter beachten:

- Sie müssen das Thema Online, Mobile und Soziale Medien strategisch und zugleich operativ ins Unternehmen tragen und alle Mitarbeiter davon begeistern.

Was müssen Vertriebsmitarbeiter online tun?

- Arbeiten und Präsentieren über mobile Endgeräte
- Aktives Xing-/ LinkedIn-Profil
- Online Experten Netzwerke

- Lassen Sie sich eine professionelle Schulung zu diesem Thema von Ihrem Unternehmen bezahlen.
- Erstellen Sie einen internen Newsletter, wo Sie regelmäßig über Ihre Aktivitäten berichten und die Kollegen um Vorschläge bitten.
- Geben Sie interne Schulungen für Ihre Kollegen.
- Erstellen Sie zusammen mit Ihren Geschäftsführern und Kommunikationsleitern einen Kommunikationsplan inkl. klarer Zeit- und Budgetplanung.
- Überlassen Sie nicht alles einer Agentur. Nehmen Sie aktiv teil.

Lesen Sie täglich die wichtigsten Informationsquellen für Digitale Kommunikation und Immobilien online. Die wichtigsten sind:

TECHCRUNCH.COM

NEXT.INMAN.COM

WWW.DEUTSCHE-STARTUPS.DE

GRUENDERSZENE.DE

NEWS.IMMOBILIENSCOUT24.DE

WWW.WIRED.COM

WWW.MASHABLE.COM

V. AGENTUREN

Naturgemäß lassen sich nicht alle nötigen Aufgaben mit eigenen Mitarbeitern bewältigen. Beauftragen Sie deshalb kompetente Agenturen mit konkreten Projekten. Achten Sie jedoch darauf, dass Sie stets den Überblick behalten. Unterschiedliche Vorstellungen und mangelhafte Kommunikation behindern nicht nur das Projekt, sondern kosten Sie bares Geld. Seien Sie über die einzelnen Schritte informiert, fragen Sie nach, wenn Sie etwas nicht verstehen. Die Zusammenarbeit mit Agenturen macht vor allem als Ergänzung zu einem internen Expertenteam Sinn. Ihre Mitarbeiter sollten ebenso über das Wissen zur Steuerung einer Agentur verfügen wie über ein Grundverständnis der Aktivitäten und Themen. Beauftragen Sie keine Agentur, solange Sie kein passendes Team in Ihrem Unternehmen haben. Sie sparen auf diese Weise viel Geld, Zeit und Nerven!

Es gibt aktuell viele Agenturen, die digitale Kommunikation als Leistung anbieten. Täglich springen neue Unternehmen auf den Zug. Achten Sie vor allem auf die Referenzen der Agentur und die Mitarbeiter, die für Ihr Projekt direkt verantwortlich sind. Fragen Sie genau nach, welche Leistungen die Agentur für die Referenzprojekt wirklich erbracht hat.

Nachfolgend finden Sie eine Übersicht von Agenturarten mit den entsprechenden Leistungen und den dazugehörigen Kosten.

AGENTURARTEN, LEISTUNGEN UND KOSTEN

Aktivität	Agenturart	Leistungen	Tagessatz
Homepage (Programmierung, Design und Betrieb)	Internet-Agentur, Online-Agentur, Multimedia-Agentur, Freiberufler, Programmierer und Designer	Konzept, Programmierung (vor allem Ruby on Rails, PHP, HTML5, Wordpress, CakePHP)	400 bis 800 Euro
Anwendungen für Soziale Medien (z.B. Facebook-App)	Multimedia-Agentur mit Fokus auf Soziale Medien	Konzept, Programmierung, Einbindung in die Sozialen Medien, Vernetzung mit anderen Seiten, Einbindung in die Homepage	300 bis 600 Euro
Mobile Anwendungen (z.B. iPad-App)	Online-Agentur mit Fokus auf mobile Anwendungen (vor allem iOS, Android, HTML5)	Konzept, Design, Programmierung, Einstellung in die App-Stores	600 bis 800 Euro
Video-Podcasting	Video-Agenturen, oftmals Freiberufler	Drehbuch, Aufnahmen, Schnitt, Umformatierung für Web- und Mobile-Formate	350 bis 600 Euro
Redaktion und Kampagnen in den Sozialen Medien	Redaktionsbüros, oftmals Freiberufler, Journalisten	Artikel verfassen, Gruppen und Fanpages moderieren, Blog leiten, virale Kampagnen planen	250 bis 500 Euro
Online-Werbekampagnen	Werbeagenturen, Multimediaagenturen	Konzept, Umsetzung, Mediaschaltungen, Erfolgsmessung	800 bis 2.000 Euro
Suchmaschinenoptierung (SEO) und -marketing (SEM)	SEO/SEM-Agenturen	Keyword-Optimierung, Google AdWords, Affiliate Marketing	600 bis 1.000 Euro

WIE FÜHRT MAN EINEN AGENTUR-PITCH DURCH?

Die Beauftragung einer Agentur ist oft ein Mix aus Kopf- und Bauchentscheidung. Man sollte aber die folgenden Schritte gehen, um sich mittel- bis langfristig an eine Agentur zu binden

1.

Erstellen Sie einen genaues und konkretes Anforderungsprofil:
- Welche Leistungen sollen vergeben werden?
- Mit welchem Zeitaufwand wird gerechnet?
- Welche Anforderungen muss die Agentur erfüllen?
- Was sind Ausschlusskriterien?

2.

Laden Sie zwei bis drei Agenturen zum Pitch ein.
Schauen Sie sich genau die Referenzen der Agenturen an?
Fragen Sie ggf. bei anderen Auftraggebern nach.
Führen Sie persönlich Vorab-Gespräche.

3.

Lassen Sie sich ein kurzes Konzept inkl. erster Designentwürfe von den Agenturen entwerfen:
- Konzept
- Storyboard
- Erste klickbare Entwürfe

Stellen Sie hierfür jeder Agentur ein kleines Budget – 500 bis 1.000 Euro reichen aus – bereit. Sie werden über den Erfolg überrascht sein!

4.

Lassen Sie sich die Konzepte und Entwürfe persönlich präsentieren.
Machen Sie es in den Räumlichkeiten der Agentur!

5.

Entscheiden Sie sich für die richtige Agentur:
- Welche Agentur hat die besten Ideen präsentiert?
- Welche Agentur versteht meinen Markt, meine Kunden am besten?
- Welche Agentur hat ein konkretes Angebot abgegeben?
- Mit welchen Personen will ich am liebsten arbeiten?
- Hat die Agentur ausreichend Kapazitäten?

10 GOLDENE REGELN

1.
Lassen Sie niemanden über Leichen stolpern

Starten Sie niemals eine Facebook-Fanpage, einen Blog oder eine andere Aktivität in den Sozialen Medien, ohne einen festen Redaktionsplan aufzustellen. Benennen Sie einen Mitarbeiter, der sich täglich darum kümmert. Inaktive und ungepflegte Seiten sind schädlich für das Image des ganzen Unternehmens. Und Sie wissen ja, das Internet vergisst nie.

2.
Machen Sie nicht alles mit, aber halten Sie die Augen offen

Apps für iPhone und iPad müssen professionell aussehen und besondere Inhalte bieten. Ohne gut aufbereitete Inhalte, Bilder, Videos und ein Extra-Feature, wie zum Beispiel eine multimediale Near-by-Suche, bringt eine App niemandem etwas – Ihnen am wenigsten. Investieren Sie ihr Geld lieber anderweitig, beispielsweise in die eigene Homepage.

3.
Ihre Homepage ist Ihr Aushängeschild

Am Anfang und als Basis einer erfolgreichen digitalen Kommunikationskampagne steht Ihre Homepage bzw. Ihr Blog. Starten sie keine Kampagne ohne eine gut gestaltete und programmierte Homepage.

4.
Bleiben Sie gleich – überall

Sorgen Sie dafür, dass auf allen Kanälen – Print, Online, Soziale Medien und Mobile – immer die aktuellen, richtigen und gleichen Inhalte zu finden sind. Nutzen Sie ein zentrales Content Management System (CMS) und versorgen Sie damit zentral die anderen Kanäle.

5.
Treffen Sie Ihren Kunden ins Herz

Wenn Sie im Internet erfolgreich sein wollen, müssen Sie die Gefühle der Nutzer ansprechen. Halten Sie ihre Texte kurz und verzichten Sie auf hohle Phrasen. Verwenden Sie mehr Videos, mehr Bilder und mehr Links. Smartphones und Tablet-Computer bieten das Internet zum Anfassen, nutzen Sie es.

6.
Rennen Sie nicht mit dem Kopf durch die Wand

Mehr Inhalte, die Ihren Kunden wirklich nützen – weniger Werbung in eigener Sache. Ihre Nutzer werden es Ihnen danken und Sie weiterempfehlen, wenn Sie spannende Inhalte und Fakten veröffentlichen. Achten Sie auf einen ausgewogenen Mix aus unkommerziellen Inhalten und Werbung in eigener Sache.

7.
Große Netzwerke verlangen große Verantwortung

Im Internet und vor allem in Sozialen Netzwerken müssen Sie sich erst ein Renommee erarbeiten. Sie müssen ihre Nutzer davon überzeugen, dass Sie ihr Fach und die digitale Kommunikation verstehen. Erst dann werden Ihre Fans auf Sie hören – und dies gerne tun.

8.
Das Internet hasst Langweiler

Trauen Sie sich. Gehen Sie neue Wege, machen Sie Fehler, aber lernen Sie vor allem daraus. Schließen Sie keine Idee von vornherein aus, lassen Sie Ihre Mitarbeiter kreativ sein. Innovationen sichern Ihnen im Internet die Anerkennung der Nutzer, so verbessern Sie kontinuierlich Ihre digitale Kommunikationsstrategie.

9.
Alles wird schneller – nehmen Sie sich trotzdem Zeit

Erwarten Sie keine sofortigen Erfolge. Am Anfang brauchen Sie Geduld, um ihr Netzwerk aufzubauen. Setzen Sie sich realistische Meilensteine, dann wird Ihre Relevanz anfangs langsam, später immer schneller wachsen. Sobald Sie diesen Punkt erreicht haben, starten Sie eine virale Marketingkampagne – und erfreuen Sie sich an den neuen Klick-Rekorden.

10.
Ohne Spaß haben Sie keine Chance

Das Internet ist viel mehr als eine globale Spielwiese, aber gerade das ist es auch. Haben Sie Spaß, lassen Sie sich von der Technik und den Möglichkeiten begeistern. Die Nutzer merken es, wenn Sie auf Zwang durchs Internet surfen. Bleiben Sie neugierig, entdecken Sie die neuen Welten und genießen Sie es!

KAPITEL 5

VORREITER DER DIGITALEN IMMOBILIENKOMMUNIKATION

Sie finden, die Immobilienkommunikation ist noch nicht digital? Dann lassen Sie uns einen gemeinsamen Blick auf fünf Vorreiter und Wegbereiter aus den USA und aus Deutschland werfen. Zuvor wollen wir Ihnen aber eine Digital-Real-Estate-Konferenz vorstellen – die Real Estate Connect (http://www.realestateconnect.com). Sie fand vom 11. bis zum 13 Januar 2012 in New York statt. Anhand der Themen, der Sponsoren sowie der Teilnehmer kann man sehr gut die Relevanz des Themas in den USA sehen.

Auf der Real Estate Connect 2012 trafen sich über 1.200 Führungskräfte aus der Immobilien- und der Internetbranche. In den drei Tagen diskutierten die Teilnehmer und die Redner über die Zukunft der Immobilienbranche in der digitalen Welt.

Zu den Sponsoren gehörten u.a. Google, Homes.com, New York Times und die Bank of America. Die über 100 Redner kamen u.a. von Facebook, Google, Layar, RE/MAX, Coldwell Banker und Zillow (http://www.realestateconnect.com/nyc12/speakers.html). Auf der Konferenz konnten sich auch junge Internetfirmen präsentieren. 16 Start-ups haben die Chance genutzt und gezeigt, was uns in der Zukunft der digitalen Immobilienwirtschaft erwartet (http://www.realestateconnect.com/nyc12/sponsors.html). Schauen Sie sich doch die Redner und Inhalte genauer auf der Homepage an. Sie werden begeistert sein.

http://www.realestateconnect.com

Jetzt aber zu den „etablierten" Vorreitern.

COLDWELLBANKER

WWW.COLDWELLBANKER.COM

ColdwellBanker ist ein Immobilienmakler. Die Marke ColdwellBanker hat eine globale Reichweite mit Büros auf 6
Kontinenten und in über 47 Ländern. Derzeit gibt es weltweit mehr als 3.600 Büros (Quelle: Wikipedia, Stand August 2011).

ColdwellBanker hat Ende 2010 seine gesamte Kommunikation auf die digitalen Medien ausgerichtet. Die vernetzte Homepage mit eigenen YouTube-, Facebook- und Twit-
ter-Kanälen bildet die Basis. ColdwellBanker geht aber
deutlich weiter. Eine sehr gute iPad- und iPhone-App sowie die emotionale Immobiliensuche BlueScape® und eine
Lifestyle-Suche runden die begeisternde und effiziente
Umsetzung der digitalen Kommunikationsstrategie ab.
ColdwellBanker hat hierfür bereits zahlreiche Auszeich-
nungen erhalten. Lassen Sie uns einen tieferen Blick auf
die einzelnen Medien werfen.

Startseite

Die Homepage hat auf dem ersten Blick einen klaren Fokus: die Suche nach Immobili-
en. Die Suche ist gut aufgeräumt und bietet
zahlreiche grafische Hilfselemente.

Ergebnisliste

Die Ergebnisliste bietet auf einem Blick alle
nötigen Informationen. Der Nutzer kann hier
seine Suche speichern und die Exposés sofort sharen.

Exposé

Das Exposé ist sehr gut gegliedert. Der Nutzer kann die Immobilien bewerten, zu seinen Favoriten speichern und die Informationen sharen.

BlueScape

Über ein „Bilderspiel" kann der Nutzer seine Traumwohnung finden.

iPad App

(http://itunes.apple.com/us/app/coldwell-banker-real-estate/id424003485)

Lifestyle-Suche

Mit Hilfe der Lifestyle-Suche kann der Immobiliensuchende spielerisch die richtigen Lage für sich und seine Familie finden.

On Location

On Location ist das Videoportal von Coldwell Banker auf YouTube. Eine Suche ermöglicht das Finden von Immobilienvideos.

iPhone App

(http://itunes.apple.com/app/coldwell-banker-real-estate/id325309137)

DAHLER & COMPANY

WWW.DAHLERCOMPANY.DE

Dahler & Company ist eines der führenden deutschen Unternehmen für exklusive Wohnimmobilien und in den Segmenten Vermittlung, Vermarktung, Projektentwicklung und Management aktiv. Die von Björn und Kirsten Dahler 1993 gegründete Firma hat ihren Hauptsitz in Hamburg und zählt heute über 200 Mitarbeiter. Neben eigenen Büros unterhält das Unternehmen ein expandierendes Netzwerk von Franchisepartnern. Dahler & Company ist mit 39 Büros an 24 Orten präsent, von Sylt und Föhr über Berlin bis nach Mallorca.

Homepage

Die Homepage von Dahler & Company bietet eine besondere Art und Weise der Immobiliensuche: Living Lifestyle Test.

Living Lifestyle Test

„Beantworte in wenigen Minuten neun Fragen anhand von Fotos und erfahre, welche Immobilie zu Deinem Living Lifestyle Typ passt. Teile Dein Lifestyle-Video mit Deinen Freunden via Facebook oder e-Mail und entdecke die Immobilienwelt von Dahler & Company."

Facebook App

Den Living Lifestyle Test gibt es auch als Facebook-App auf der Fanseite von Dahler & Company.

iPad Magazin

Das Hausmagazin „Homes" gibt es ebenfalls als iPad-Magazin (http://itunes.apple.com/kz/app/dc-homes/id418550691).

Hochtief Solutions/ HTP Nord

Hochtief Solutions AG, die europäische Tochter der Hochtief Aktiengesellschaft, bietet ihren Kunden alle Leistungen rund um Immobilien- und Infrastrukturprojekte an. Die Projektentwicklersparte HTP entwickelt, realisiert und vermarktet seit 1991 Immobilienprojekte im In- und Ausland. Büroimmobilien in innenstadt- und citynahen Lagen bilden das Kerngeschäft. Weitere Schwerpunkte sind zum Beispiel Einzelhandelsimmobilien und die Entwicklung ganzer Stadtquartiere.

HTTP://WWW.HTP.HOCHTIEF-SOLUTIONS.DE

iPad Magazin App

Über die iPad App HTP View Nord stellt Hochtief Solutions HTP alle seine Projekte in Hamburg interaktiv und emotional den iPad-Nutzern vor.

(http://itunes.apple.com/us/app/view-htp-nord/id426372307)

iPhone Apps

Ergänzt wird die iPad App durch zahlreiche iPhone Apps von dedizierten Immobilienprojekten.
(http://itunes.apple.com/us/app/metropolis/id466407674)

GROSSMANN & BERGER

In der Metropolregion Hamburg ist Grossmann & Berger mit seiner über 75-jährigen Präsenz sowohl im Markt für Gewerbeimmobilien als auch für Wohnimmobilien führend. Grossmann & Berger ist ein Beteiligungsunternehmen der HASPA Finanzholding, die Alleinaktionärin der Hamburger Sparkasse (Haspa), Deutschlands größter Sparkasse, ist. Mitte Dezember 2011 hat Grossmann & Berger seinen Online-Auftritt vollständig neu gestaltet. Die Vermarktung von Neubauprojekten erfolgt über ein eigenes iPad-Magazin inkl. Marktplatz sowie über iPhone Apps zu den einzelnen Projekten.

 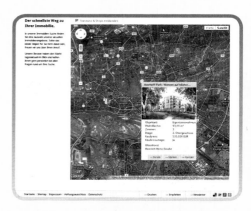

Homepage

Die Startseite von Grossmann & Berger bietet eine dynamische Suche nach Wohn- und Gewerbeimmobilien inklusive einer Umkreissuche.

Auf den Folgeseiten sind alle Objekte und Projekte auf einer Google-Maps-Karte platziert.

In die Immobilienexposés sind zahlreiche Interaktions-Elemente eingebaut.

Über die iPhone Apps werden die einzelnen Neubauprojekte gezielt vermarktet. Der Nutzer bleibt immer auf dem aktuellsten Stand der Dinge.

Über das iPad-Magazin für Neubauprojekte werden ausgewählte Projekte vermarktet. Das Magazin bietet einen redaktionellen Teil sowie einen Marktplatz der Projekte. Der Nutzer kann sich sein eigenes Projektmagazin zusammenstellen und mit Grossmann & Berger in Kontakt treten.

KAPITEL 6

EIN BLICK IN DIE ZUKUNFT

PENETRATIONSRATE DER INTERNETNUTZUNG IN DEUTSCHLAND

Anteil der Internetnutzer in % von 2009 bis 2015

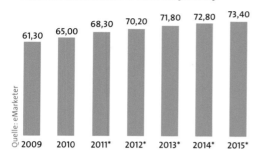

Quelle: eMarketer

ANZAHL DER PERSONEN WELTWEIT, DIE DAS INTERNET AUSSCHLIESSLICH MOBIL NUTZEN

Anteil der Nutzer 2010 und Prognose bis 2015 in Millionen

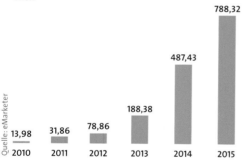

Quelle: eMarketer

PENETRATIONSRATE DES MOBILEN INTERNETS IN AUSGEWÄHLTEN EUROPÄISCHEN LÄNDERN*

Anteil der Nutzer von 2009 bis 2015

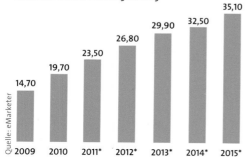

Quelle: eMarketer

Die digitale Kommunikation, mobile Anwendungen sowie Internet-Unternehmen sind rasanten Innovationszyklen „ausgeliefert". Facebook, Google, Apple und neue Internet-Unternehmen konkurrieren offen miteinander und steigern die Innovationsdynamik so zusätzlich. Was die Zukunft bringen wird, kann niemand mit Gewissheit sagen. Lassen Sie uns trotzdem einen Blick in das Jahr 2015 wagen.

Welche Trends werden bis dann zu Standards geworden sein und welche Auswirkungen haben diese für die Immobilienbranche?

Online-Nutzung
Die Internetnutzung in Deutschland hat bereits heute eine hohe Durchdringung erreicht. Bei den jüngeren Deutschen bis 49 Jahre alt liegt sie bereits über 90%. Bis 2015 wird das Wachstum nur noch gering ausfallen.

Mobiles Internet
Das mobile Internet ist bereits heute ein Megatrend. Die Wachstumsdynamik wird noch deutlich zulegen. Die Experten rechnen bis 2015 mit einem Faktor von 25 bezogen auf 2011. In Europa nutzen bereits heute über 20% das Internet über mobile Geräte. 2015 werden es über 35% sein. Ein Nebentrend, aber nicht unwichtig, ist das Fernsehen über das Handy. 2011 nutzten es bereits 3,8 Millionen Deutsche, 2015 sollen es über 16 Millionen sein.

Smartphones
Der Siegeszug der Smartphones geht weiter. 2015 werden über 1 Milliarde Smartphones pro Jahr verkauft. 2015 werden Android Smartphones die klaren Marktführer unter den Betriebssystemen sein.

Smarttablets
Der Absatz von Smarttablets wird sich bis 2015 verfünffachen auf einen jährlichen Verkauf von über 300 Millionen Geräten. Auch hier werden 2015 die Betriebssysteme iOS und Android den Markt anführen.

Social Media

Das Wachstum der Social-Network-Nutzung gegenüber der Internetnutzung fällt bis 2015 höher aus.

Folgende Trends werden für die Immobilienwirtschaft relevant sein:

Smarttablets der Generation 2015

Ob auf Reisen, bei der Arbeit oder im Park: Tablet-Computer werden uns wie selbstverständlich im Alltag begleiten und bei allen Altersgruppen verbreitet sein. Die Nutzung von Desktop-PCs gehört der Vergangenheit an. Die neuen Tablet-Computer sind vollständig durchsichtig und so leicht wie eine Zeitschrift aus dem Jahre 2011. Versehen mit einem schnellen Internetzugang, einer hochauflösenden Kamera und einem 3D-Bildschirm sind diese Geräte ideal für die Suche und Präsentation von Immobilien. Ein Augmented-Reality-Browser ist selbstverständlich integriert.

Ubiquitous Mobile Web

Der mobile Zugang zum Internet ist für alle frei und jederzeit mit Höchstgeschwindigkeit verfügbar. Das Echtzeit-Internet ist zur Normalität geworden, auch unterwegs in Zügen, Autos und Flugzeugen. Alle Informationen liegen in der Cloud und können mit jedem Geräte live angesehen, bearbeitet und verteilt werden. Makler nutzen die neu gewonnene Mobilität und arbeiten von jedem Ort aus. Ein Objekt veranschaulichen sie ihren Kunden mithilfe von Animationen, Renderings und Immobilien-Videos in 3D.

Eine Sprache für die gesamte Internetwelt

Alle Informationen sind 2015 in allen Sprachen verfügbar. Die Live-Übersetzung von Text und Ton ist perfektioniert und für alle kostenlos verfügbar. Immobilienunternehmen können internationale Kunden für ihre Objekte ansprechen und so global agieren.

Soziale Medien 2015

Die Landschaft der Sozialen Medien hat sich dramatisch verändert. Facebook und Google haben ihre Vorherrschaft an zwei neue Start-up-Unternehmen abgeben müssen. Die neuen Sozialen Medien sind allgegenwärtig, aber

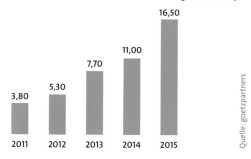

ANZAHL DER NUTZER VON MOBILE-TV IN DEUTSCHLAND

Nutzer von Mobile-TV in Mio. 2011 und Prognose bis 2015

Quelle: goetzpartners

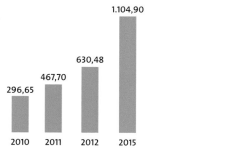

PROGNOSTIZIERTER ABSATZ VON SMARTPHONES WELTWEIT

Absatz in Millionen Stück von 2010 bis 2015

Quelle: Gartner

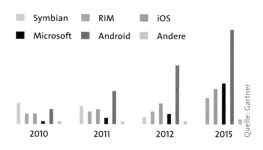

PROGNOSTIZIERTER ABSATZ VON SMARTPHONES WELTWEIT

Absatz in Millionen Stück von 2010 bis 2015 nach Betriebssystem

Symbian · RIM · iOS · Microsoft · Android · Andere

Quelle: Gartner

ANZAHL DER VERKAUFEN TABLETS IN DEUTSCHLAND

Anzahl verkaufter Tablets in Mio. von 2010 bis 2012

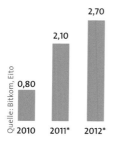

WELTWEITER ABSATZ VON TABLETS

Absatz in Millionen Stück von 2010 bis 2015

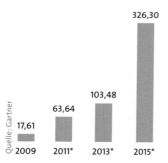

PROGNOSE ZUM ABSATZ VON TABLETS WELTWEIT

Absatz von Tablets in Mio. Stück von 2010 bis 2015 nach führenden Betriebssystemen

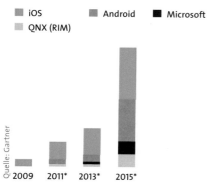

gleichzeitig „geschlossener". Social Commerce ist nicht mehr aus dem Alltag wegzudenken. Immobilienunternehmen, die bereits 2011 auf die Vermarktung von Immobilien über Soziale Medien und Empfehlungsmarketing gesetzt haben, sind die weltweiten Marktführer ihrer Branchen.

FAZIT FÜR DIE IMMOBILIENBRANCHE

Das Immobilienmarketing in Deutschland wird sich in den nächsten Jahren in Bezug auf genutzte Kanäle und Mittel zur Objektsuche und -vermarktung maßgeblich verändern. Entscheidende Katalysatoren wie Social-Media-Anwendungen und -instrumente sowie die Innovationen rund um das Smartnet, deren Entwicklung insbesondere innovationsorientierte Konzerne wie Google und Apple vorantreiben, leiten einen tiefgreifenden Wandel ein, in dessen Folge sich völlig neue Möglichkeiten und Anwendungspotenziale ergeben werden.

Die Social-Media-Branche boomt. Immer mehr Deutsche zieht es nicht nur ins Netz, sondern zudem auf die Plattformen, auf denen sie soziale Kontakte pflegen, sich gegenseitig informieren und untereinander kommunizieren können. Die Nutzerzahlen der Branche verzeichnen so großes Wachstum, dass Deutschland – trotz der geringen Einwohnerzahl – bereits auf Platz drei der Social-Media-Weltrangliste ist. Twitter, Facebook & Co. werden zunehmend zum alltäglichen Teil des Lebens, denn viele Deutsche nutzen die Dienste nicht nur regelmäßig, sondern ein großer Anteil sogar täglich. Facebook scheint sich vorerst als klarer Marktführer weltweit zu etablieren. Mit der Einführung der neuen Funktion Facebook Timeline werden die Nutzer noch enger an die Plattform gebunden.

Für Unternehmen ist die breite Akzeptanz und die intensive Nutzung dieser Medien vor allem als Vertriebsweg von großer Bedeutung – als ein breites Feld untereinander hervorragend vernetzter potenzieller Kunden. Dass diese Kanäle sich zur Ansprache und vor allem auch zur

Bindung der Kunden eignen, ist offensichtlich in der Wahrnehmung der Unternehmen bereits angekommen, schließlich haben schon viele Marken den Schritt in diesen Bereich unternommen. Unter anderem ist die wachsende Bedeutung des Internets zur Objektvermarktung an der hohen Nutzungsquote von Online-Immobilienplattformen zu erkennen, die schon heute bei weitem das beliebteste und am häufigsten verwendete Medium zur Suche und Vermarktung sind. Die Angebote der (für den Kunden kostenlosen) Online-Marktplätze reichen über sämtliche Immobilieninformationen, die umfassende Preishistorie und Preisempfehlungen über die Suche ähnlicher Immobilien in der Umgebung bis hin zur Vereinbarung von Besichtigungsterminen über ein und dieselbe Plattform.

Woran es bisher bezüglich des Marketings in sozialen Medien allerdings noch mangelt, sind klare Strategien, etwa zur Außendarstellung und -kommunikation. Diese ist jedoch von großer Bedeutung für den Erfolg der Bemühungen und insbesondere, um sich durch ein individuelles Branding als Marke, mit der sich die Kunden identifizieren können, von der Masse der Konkurrenz abheben zu können. Hier können deutsche Unternehmen noch viel vom Vorbild des amerikanischen Marktes lernen, der in dieser Hinsicht in der Entwicklung eine Stufe voraus ist.

Einige Soziale Netzwerke ermöglichen es ihrer großen Zahl von Nutzern, Objekte kostenlos zu präsentieren. Da ein Großteil der Internetnutzer Produktbewertungen und -empfehlungen ihrer vielen Online-Freunde und anderer Nutzer abrufen, ermöglichen es Kombinationen von Nutzersuchprofilen mit Empfehlungen von Freunden und Freundesfreunden, von viralen Effekten zu profitieren. Außerdem können sich Unternehmen in den Communitys präsentieren, mit der richtigen Taktik intensiven Kontakt zu ihren Nutzern halten und somit einen treu zur Marke haltenden Kundenstamm aufbauen. Zudem können die Plattformen oder andere Medien wie Blogs oder Microblogs als Kommunikationskanäle genutzt und obendrein alle diese Werkzeuge durch Einbettung auf der eigenen Homepage

SOCIAL NETWORK USERS IN THE EU-5

Social network user in Millionen 2009-2015

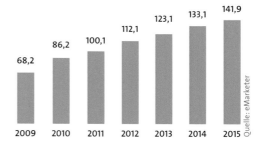

SOCIAL MEDIA UMSATZ WELTWEIT

Umsatz in Milliarden US-Dollar 2010 und Prognose bis 2015

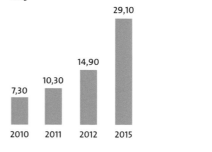

gebündelt werden. Durch die Verschiebung des Konsumenten hin zum „Prosumenten", der sich zunehmend selbstständig informiert und eigeninitiativ Inhalte erstellt, bearbeitet und kommuniziert, wird sich die Rolle des Anbieters vom Vermittler hin zum lokalen Berater verschieben, der nicht mehr primär aktiv Objekte vermittelt, sondern dem Kunden mit seiner Expertise zur Seite steht.

Eine wichtige Rolle im zukünftigen Immobilienmarketing wird Google spielen. Die aktuellen und zukünftigen Innovationen werden auch direkt die Immobilienbranche betreffen. Die ausgereifte Produktpalette des Konzerns entwickelt sich – unter anderem wegen des zunehmenden „Information Overload" – immer weiter in Richtung gezielter, individueller Kundenansprache (Individual Targeting) und intelligenter Suchfunktionen (Semantic Web), der sich die Nutzer trotz datenschutzrechtlicher Probleme in Zukunft nicht mehr werden entziehen können.

Der Information Overload ist auch einer der Gründe, warum sowohl die Aktualität als auch die geobasierte Markierung einer Nachricht als zusätzliche Filter immer wichtiger werden, sodass der Nutzer die zu einem bestimmten Zeitpunkt an einem spezifischen Ort benötigte Information individuell generiert. Deshalb gewinnt im Zuge der simultan stattfindenden zunehmenden Mobilität der User der mobile Transfer von Informationen verstärkt an Bedeutung. Das heißt, Internet wird weniger am heimischen PC genutzt, sondern zunehmend mobil und lokalbasiert.

Bereits die Hälfte aller Deutschen besitzt ein Handy mit Internetzugang, Smartphones erobern sukzessive den Massenmarkt. Die wachsende Verbreitung von Googles Android, iPhone und besonders dem iPad verspricht rasant steigende Tendenzen im Mobilbereich, so dass durch individuelle Standortbestimmungen zunehmend Informationen über die aktuelle Umgebung abgerufen werden. Kommunikation, Information und Interaktion sind jederzeit und allerorts möglich, was bereits heute am starken Wachstum der mobilen Nutzung Sozialer Medien zu beobachten ist. Zudem strömen im Zuge der Entwicklung mobiler Anwendungen – der Apps – seit kurzem primär lokalbasierte Anwendungen auf den Markt, während bestehende Anwendungen kontinuierlich erweitert werden.

Die Innovationen Digitaler Medien bleiben indes nicht ohne Auswirkungen auf das berufliche und private Leben des Users, für den sich eine Situation ergibt, in der Privat- und Geschäftsbereich zunehmend verschwimmen. Für Kunden, aber in erster Linie für Immobilieneigentümer und -makler, resultieren daraus maßgebliche Verbesserungspotenziale in sämtlichen Einsatzgebieten.

Instrumente und Anwendungen wie GeoTagging, QR-Codes oder Augmented Reality und innovative Hardware wie Smartphones und Tablet-Computer eröffnen Unternehmen – insbesondere Maklern im Bereich des Immobilienmarketings – durch zusätzliche Vertriebswege immer effektiveren Zugang zu ihren Zielgruppen. Diese nutzen diese Entwicklungen nicht zuletzt durch deren Bedienfreundlichkeit oft und gerne und genießen zudem den Vorteil einer nie zuvor dagewesenen Markttransparenz über die extrem nutzerfreundliche Aufbereitung von Markt- und Immobilieninformationen.

Thomas Gawlitta ist Diplom-Ökonom und Master Leadership in Digital Communication. Er ist seit 1999 als Gründer und Manager in der Internetwirtschaft tätig. Seit drei Jahren beschäftigt er sich intensiv mit der digitalen Revolution in der Immobilienwirtschaft. Er hat unter anderem den geschlossenen Online-Marktplatz für Immobilien-Investment DotProperty aufgebaut und Ende 2010 an ImmobilienScout24 verkauft. Er leitet als Berater die neu geschaffene Geschäftseinheit IS24 CommercialNetwork.

Zusammen mit zwei Partnern leitet Thomas Gawlitta als Gründer und Geschäftsführer das Softwareunternehmen GawlittaDigitale.com. Die Agentur betreibt unter anderem das iPad Magazin und Marktplatz für Immobilien und eine Online-Plattform für die Erstellung und Verteilung von Exposés – www.smartexpose.com.

über 600 ausgewählte Titel immobilien-
wirtschaftlicher Fachliteratur

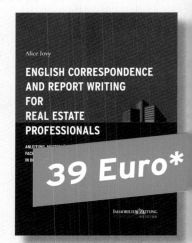